VECTORWORKS
ベストテクニック
100

本書利用上の注意

■ 本書の記載内容は2018年2月時点での情報です。以降に製品またはホームページなどの仕様や情報が変更されている場合があります。また、本書を運用した結果については、当社および著者は一切の責任を負いかねます。本書の利用については個人の責任の範囲で行ってください。

■ 本書はパソコンやWindowsの基礎知識があり、Vectorworksの操作経験がある方を対象としています。Vectorworksを初めて操作される方は、市販の解説書などを利用して基本操作を習得してください。

■ 本書はWindows 10にインストールしたVectorworks 2017で執筆しています。記事内容はごく一部を除き、基本製品である「Vectorworks Fundamentals」で操作することを前提とし、2015〜2018バージョンを対象として制作していますが、ご使用のVectorworksまたはパソコン環境によっては、記載された操作結果が再現できない可能性がございます。あらかじめご了承ください。

■ VectorworksはVectorworks,Inc.の登録商標です。その他、本書に掲載されたすべての製品名、会社名などは、一般に各社の商標または登録商標です。

はじめに

　CADを使い始めて30年以上、教え始めて25年以上が過ぎて感じることは、CADのテクニックを高め、CADのセンスを磨くことは、設計やデザインの質の向上に直結するということです。ドラフターや製図ペンは設計やデザインを変えませんでしたが、CADは変える力を持っています。

　Vectorworksはとても使いやすいCADですが、昔も今も「Vectorworksは難しい」という声が耳に入ります。これは他の多くのCAD同様に線を主体に作図していたり、クラスとレイヤを混同していたりするなど、Vectorworksの本質とは関わらない表層的な部分での躓きが原因となって、次のステップに進めずにいるケースが少なくないようです。

　CADでもコンパスでも、使い方や手順をその都度考えていると、肝心のアイディアが吹っ飛びがちです。そのような時間の無駄遣いを避けるためには、操作を無意識化する必要があります。そこで、本書では、Vectorworksの操作を無意識化し、CADのセンスを磨くためのテクニックを集めました。

　なお、Vectorworksの多彩さを内容に反映させるために、本書は共著としました。著者3人ともCAD教育や実務利用に長く関わり、エーアンドエー主催のセミナーやVectorworks教育シンポジウムでも何度か講演しています。私をVectorworksに導いたのが渡辺宏二で、CAD教育を構築した戦友です。また、赴任したばかりの私の研究室で当時は否定されがちであったCADで卒業設計を行ったのが宮腰直幸で、今は大学教員として教育研究に励んでいます。

　そして最後になりましたが、素晴らしい本に仕上げてくださった編集者の杉山奈美乃さんはじめ関係者の皆様に心より感謝申し上げます。

監修・高原健一郎

Contents

はじめに ……………………………………………………………………………………………… 003

chapter1　作図・編集をもっと便利に

01　クラスのグラフィック属性を使う …………………………………………………… 008
02　クラスの数が増え過ぎてしまったときは？ ………………………………………… 010
03　デザインレイヤに高さを設定する …………………………………………………… 012
04　クラス・レイヤの表示／非表示の優先度 …………………………………………… 015
05　壁復元で建具を一括削除する ………………………………………………………… 016
06　壁のオフセット時に意図しない方向へずれるのは？ ……………………………… 018
07　壁の内部構成と高さを設定する ……………………………………………………… 020
08　斜めの敷地を水平に合わせる ………………………………………………………… 023
09　間取り図を使って壁を描く …………………………………………………………… 026
10　閉じているファイルにあるシンボルを使う ………………………………………… 028
11　開口シンボルを作成して壁に挿入する ……………………………………………… 030
12　シンボルを置き換える ………………………………………………………………… 033
13　サイズが決まっている図形は[生成]ダイアログから ……………………………… 035
14　データパレットでプランを修正する ………………………………………………… 036
15　不規則な線図形に一瞬で面を作成する ……………………………………………… 038
16　複雑な建物外形は2Dのブーリアン演算で作る …………………………………… 040
17　複数の線の長さを一括して揃える …………………………………………………… 042
18　2点指定だけで図形を並べて複製する ……………………………………………… 044
19　ドラッグコピーを基準に複製する …………………………………………………… 046
20　均等配置の[左右中央]と[間隔]、どちらで並べるか？ …………………………… 048
21　均等配置した図形の隙間寸法を変更する …………………………………………… 050
22　指定した位置に図形を揃える ………………………………………………………… 052
23　ロックした図形を使って位置を揃える ……………………………………………… 054
24　取り込んだ画像をクロップする ……………………………………………………… 056
25　マスク図形による疑似的クロップ …………………………………………………… 058
26　オブジェクトに名前を付ける ………………………………………………………… 061
27　込み入った図形群から特定の図形を選択する ……………………………………… 062
28　データシートにオブジェクトの数を書き出す ……………………………………… 064
29　オブジェクトのレイヤ／クラス一覧表を作成する ………………………………… 066
30　面積表を作成する ……………………………………………………………………… 068
31　文字が転んでしまったら ……………………………………………………………… 070
32　図形ではなく、用紙を移動する ……………………………………………………… 072

chapter 2　マウス・キー操作で効率化

- 33　覚えておきたいショートカット－OS標準と共通のショートカット－ ……… 074
- 34　覚えておきたいショートカット－Vectorworks独自のショートカット－ ……… 075
- 35　クラス・レイヤ切り替えのショートカット ……… 077
- 36　パンツールを使わずに画面移動 ……… 078
- 37　一時的に拡大する（スナップルーペ） ……… 079
- 38　困ったときのESCキー ……… 080
- 39　連続指示のしくじりはBackspaceキーで戻す ……… 082
- 40　スナップの設定画面をすばやく呼び出す ……… 083
- 41　ダブルクリックで編集できる図形 ……… 084
- 42　右クリックで選択図形のクラスをアクティブに ……… 086
- 43　既存図形の属性をすばやく取得する ……… 087
- 44　属性のコピー＆ペーストを一瞬で切り替える ……… 088
- 45　キー操作だけで柱を配置する ……… 090
- 46　Alt＋ダブルクリックで登録画面を編集 ……… 092

chapter 3　3D・プレゼンをもっと簡単に見映えよく

- 47　柱状体の高さが「奥行き」の謎 ……… 094
- 48　床図形を作成する ……… 096
- 49　柱図形を作成する ……… 098
- 50　3Dのブーリアン ……… 100
- 51　3Dパス図形で手すりを描く ……… 103
- 52　3Dパス図形の形を変える ……… 105
- 53　モデルを断面表示する ……… 106
- 54　断面カットモデルを作る ……… 108
- 55　断面カットモデルの切断面図形を作る ……… 110
- 56　自然な外観パースは太陽＋3つの平行光源で作る ……… 112
- 57　レンダーカメラで3D表示 ……… 114
- 58　植栽記号を半透明にする ……… 116
- 59　自由な形のビューポートを作る ……… 118
- 60　シートレイヤのレイアウトからビューポートを作る ……… 120
- 61　シートレイヤが図面に納まらないときの対処法 ……… 122
- 62　カラーレイヤでトレペ気分 ……… 123
- 63　文字の形を自由にアレンジする ……… 126
- 64　疑似ドロップシャドウで影文字 ……… 128
- 65　日影シミュレーションをする ……… 130
- 66　スケッチレンダリングでラフに表現する ……… 132
- 67　空間検討のためのカメラアングル設定 ……… 134
- 68　テクスチャ適用時の壁の「左右」とは？ ……… 136

chapter4　環境設定・カスタマイズでもっと使いやすく

- 69　作図時にオンにしておきたい環境設定 …… 138
- 70　登録画面を作業切り替えに利用する …… 140
- 71　不要な情報を一気に削除してファイルを軽くする …… 142
- 72　線分に変換したデータを軽くする …… 144
- 73　プラグインオブジェクトをシンボル登録する …… 146
- 74　オリジナルのハイブリッドシンボルを作る …… 148
- 75　データを失わないための「自動保存」設定 …… 150
- 76　データを見失わないためのフォルダー名／ファイル名の付け方 …… 152
- 77　寸法線に2つの単位を併記する …… 154
- 78　Tabキーを使わずにテンキーから直接数値入力 …… 158
- 79　印刷で失敗しない用紙設定 …… 160
- 80　オリジナルのツールパレットを作る …… 162
- 81　自分でショートカットキーを割り当てる …… 164
- 82　レイヤ設定を済ませたテンプレートを作る …… 166
- 83　作業画面を持ち運ぶ …… 168
- 84　1行マクロの作り方 …… 170
- 85　よく使う選択方法をマクロで保存する …… 174
- 86　スクリプトで図形を描く …… 177
- 87　スクリプトでタイムスタンプ入力 …… 180
- 88　ファイルからスクリプトを実行する …… 182
- 89　プラグインオブジェクトを自作する …… 184
- 90　自作プラグインオブジェトを実行する …… 187
- 91　プラグインファイルの取り込み先 …… 190

chapter5　外部データとの連携

- 92　JPEGとPNG、どちらで取り込めばよいか？ …… 194
- 93　スキャンデータを取り込むときの留意点 …… 196
- 94　画像として取り込んだ地図の縮尺を合わせる …… 199
- 95　長い文字列はテキストエディタやPDFを利用 …… 201
- 96　PDFの図面を読み込む …… 204
- 97　DXFデータを取り込む …… 206
- 98　取り込む前にJw_cadで処理すると良いこと …… 208
- 99　Excelとワークシートの使い分け …… 210
- 100　困ったときの情報収集 …… 212

Appendix　Vectorworksのショートカットキー …… 214
index（索引） …… 222

カバーデザイン　会津勝久　／　DTP　トップスタジオ

chapter
1

作図・編集をもっと便利に

Technique No. ▶01

クラスのグラフィック属性を使う

Vectorworks の「クラス」は他の CAD の「レイヤ」に相当し、一般的に躯体や仕上げなどの線別（または部材別）にクラスを分類します。クラスの新規作成時に面や線などのクラスのグラフィック属性を設定しておけば、クラスを切り替えるだけで設定した属性が図形に適用されます。この設定で、図形作成のたびに属性パレットで面属性や線属性を指定する手間も省けます。

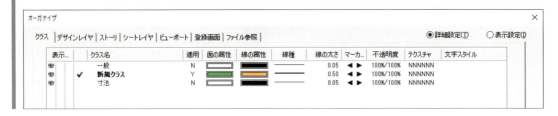

01　[ツール] メニューの [オーガナイザ] を選択して [オーガナイザ] ダイアログを開きます。[クラス] タブを選択し、[新規] ボタンをクリックします。

02　[クラスの作成] ダイアログを開きます。[名前] に任意のクラス名を入力し、[作成時に編集ダイアログボックスを表示] にチェックを入れてから [OK] をクリックします。

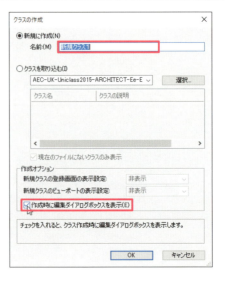

03 [クラスの編集] ダイアログが開きます。まず [属性を使う] にチェックを入れてから、[面] や [線] の属性を適宜設定して [OK] をクリックします。

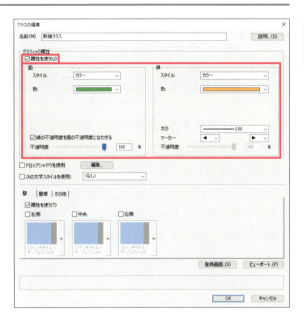

memo
[面] の [スタイル] を「なし」にしない場合は、不透明度を適宜設定しておくと、描いた図形の重なり具合がわかって便利です。

04 [オーガナイザ] ダイアログに戻ります。作成したクラスの [適用] が [Y] になっていることを確認して、[OK] をクリックします。

memo
[属性を使う] にチェックを入れると [Y] になります。

05 作成したクラスをアクティブクラスにして、任意の図形を作図してみます。属性パレットが自動的に [クラススタイル] に切り替わり、設定したグラフィック属性で図形が作図されます。

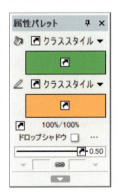 

memo
クラスのグラフィック属性は [オーガナイザ] ダイアログの [編集] ボタンからいつでも変更できます。また、データパレットを使って図形のクラスを変更すると、変更先のクラスのグラフィック属性に自動的に切り替わります。

Technique No. ▶02

クラスの数が増え過ぎてしまったときは？

クラス数が多くなると目的のクラスを見つけるのが大変になります。そうならないように普段からクラス名の付け方や分類に気を付けるべきですが、増えてしまったら仕方ありません。このようなときは、関連したクラスをまとめて階層化すると、クラスの選択時に探しやすくなり、ドロップダウンメニューもすっきりします。階層化の方法は親クラス名と子クラス名を「-」でつなぐだけです。

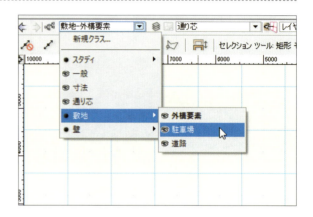

01 表示バーの［クラス］ボタンをクリックして［オーガナイザ］ダイアログを開きます。新規クラスを作成する場合は［新規］ボタンを、既存クラスを階層化する場合はそのクラスを選択して［編集］ボタンをクリックします。

02 ［クラスの作成］ダイアログ、または［クラスの編集］ダイアログが開きます。［名前］に親クラス-子クラスの形（ここでは「敷地 - 駐車場」）で名前を入力し、必要な設定を済ませて［OK］をクリックします。

> **memo**
> 「-」は半角のダッシュ、またはマイナス記号です。

03 [オーガナイザ] ダイアログのクラス名が図のように変化し、表示バーのクラス一覧も階層化して表示されます。

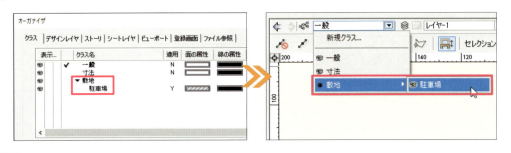

memo

上の例は2階層ですが、「-」を繰り返し使えば、階層を深くできます。しかし、階層が深すぎると使いにくくなるので、やりすぎには注意してください。

column

クラス名の工夫例

クラス一覧や[オーガナイザ]ダイアログでは、文字コード順（漢字の場合、おおよそ音読みのあいうえお順になる）に並んで表示されます。たとえば「外壁」と「内壁」といった、できれば並べて表示したいクラス名があるときは、そのまま名前を付けると離れた位置に表示されるため、「壁（外）」、「壁（内）」のように名前に工夫をすれば、並べて表示させられます。

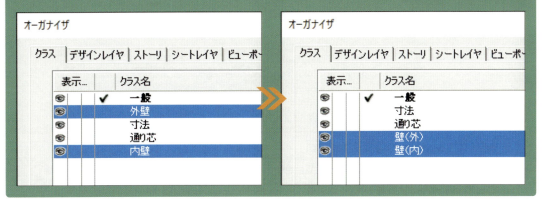

Technique No. ▶03

デザインレイヤに高さを設定する

Vectorworks のデザインレイヤは、高さを設定できます。通常は、右図のように考えれば大丈夫です。[オーガナイザ]ダイアログの[高さ]は高さゼロの位置（ここでは GL）からの距離、[壁の高さ]は文字通り壁の高さですが、階高だと理解するのが原則です。また、Vectorworks のデザインレイヤの設定では[壁の高さ]が主で、[高さ]が従となります。

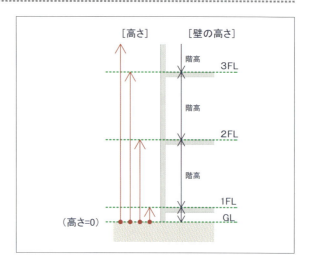

01 デザインレイヤに高さを設定してみます。新規ファイル作成直後に[オーガナイザ]ダイアログを開き、「レイヤ-1」を選択して[編集]ボタンをクリックします。

02 [デザインレイヤの編集]ダイアログが開きます。まず GL のレイヤを用意します。[名前]に「GL」と入力し、任意の[縮尺]を設定して、[高さ]＝「0」、[壁の高さ（レイヤ設定）]＝「500」（GL〜1FL の距離）とし、[OK]をクリックします。

03 [オーガナイザ]ダイアログに戻ると、高さ設定した「GL」レイヤが作成されます。続けて[新規]ボタンをクリックします。

> **memo**
> 建築ではGL=0とするのが一般的ですが、ゼロの位置は任意で決められます。

04 [デザインレイヤの作成]ダイアログが開いたら[名前]に「1FL」と入力し、[作成時に編集ダイアログボックスを表示]にチェックを入れてから、[OK]をクリックします。

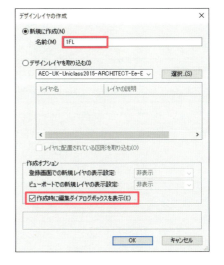

05 [デザインレイヤの編集]ダイアログが開いたら、[壁の高さ(レイヤ設定)]に「3500」(階高)と入力します。このとき、[縮尺]と[高さ]は自動的に設定されます。これが[高さ]が従の意味です。[縮尺]が「GL」レイヤで設定した値(ここでは1:100)、[高さ]が「GL」レイヤで設定した「壁の高さ」(ここでは500)になっていることを確認して、[OK]をクリックします。

06 同様にして、必要な階数分のデザインレイヤを作ります。これ以降、階高（[壁の高さ]）が一定であれば、[デザインレイヤの編集]ダイアログの入力は必要ありません。[高さ]は0からの階高が追加されていき、各デザインレイヤの[高さ]は1つ下のデザインレイヤの[高さ]＋[壁の高さ]になります。また、ここでは屋上階の[壁の高さ]には、とりあえずパラペットの高さを入れてあります。

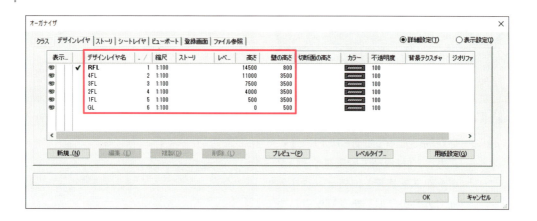

column

ロフト付きなど同じ階に異なる高さの壁がある場合は？

下図のような断面形状の場合、2Fの壁の高さが場所により異なるので、どの部分の高さを採ればよいか悩むことがあります。このような場合は、[屋根作成]ツールで屋根をかけることを想定して、当該レイヤにおいて壁の高さが最も低い位置にするのがよいでしょう。またパラペットがないので、屋上階のデザインレイヤ（例では「RFL」）の[壁の高さ]は「0」でかまいません（陸屋根との比較のため「RFL」という名称にしていますが、建築的には正しい名称ではありません）。

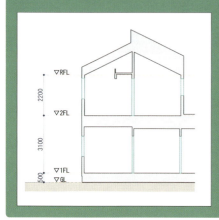

名称	高さ		高さ
RFL	5800		0
2FL	3600	＋	2200
1FL	500	＋	3100
GL	0	＋	500

Technique No. ▶04

クラス・レイヤの表示／非表示の優先度

chapter 1 作図・編集をもっと便利に

クラスやレイヤの表示／非表示／グレイ表示の切り替えには、[オーガナイザ] ダイアログの [表示設定] の欄で設定する方法と、[ビュー] メニューの [他のクラス (レイヤ) を] で設定する方法の2つがあります。この2つが違う設定になっているときは、[表示設定] の欄での設定が優先されます。

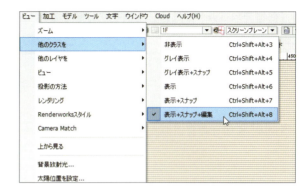

優先度の考え方

優先順位の違いを、効き目の強さで覚えましょう。[オーガナイザ] ダイアログの [表示設定] 欄を①、メニューの [他のクラス (レイヤ) を] を②とすると、①は社長の命令、②は部長の命令です。社長のほうが部長より偉いから、効き目は①＞②です。つまり②で「他のクラスを表示」としても、①で非表示に設定したクラスは②の設定にかかわらず表示されません。

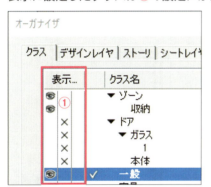 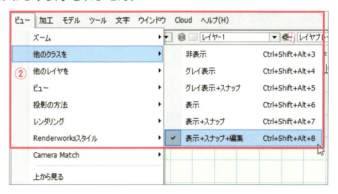

memo

上位版ユーザーは、[ナビゲーション] パレットを常時表示させて、作図中のクラスやレイヤ操作を行うほうが効率的です。[ナビゲーション] パレットでは [表示設定] [他のクラス (レイヤ) を] のどちらもパレット内で設定できます。表示／非表示の優先度は上記と同じです。

Technique No. ▶05

壁復元で建具を一括削除する

[壁復元ツール]は結合した壁を切り離すことが目的ですが、壁に挿入されているものも消去される処理が行われるので、マーキーで囲んだ中に建具があれば、壁復元操作によって建具も削除されます。この性質を利用すると、建具を総入れ替えしたいときや、多くの建具が挿入された壁を複製した後などに、不要な建具を一括削除することができます。

【参考】壁復元の普通の使い方

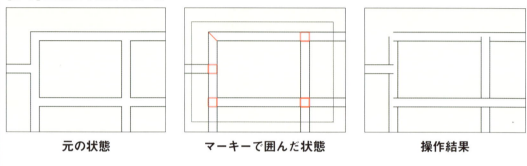

元の状態　　　　　　マーキーで囲んだ状態　　　　　操作結果

01　削除したい建具がある部分を拡大表示し、[壁]ツールセットから[壁復元ツール]を選択します。

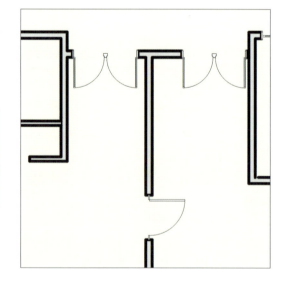

memo
壁を右クリックしてコンテキストメニューから[壁復元]を選ぶこともできます。上位版では[建物]ツールセットから[壁復元ツール]を選択します。

02 削除したい建具が含まれるようにマーキーで囲うと、処理される箇所が赤く表示されます。建具が赤くなっているということは、建具も一緒に処理されるという意味です。

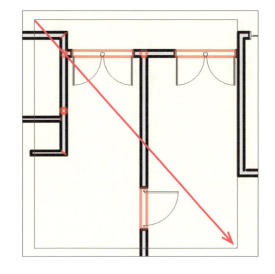

03 クリックして確定すると、建具が消去されます。図の左側の壁のように、選択範囲に含まれる壁の結合が切り離されるので、結合しておくべき壁は[壁結合ツール]や右クリックメニューの[壁の結合]で、あらためて結合します。

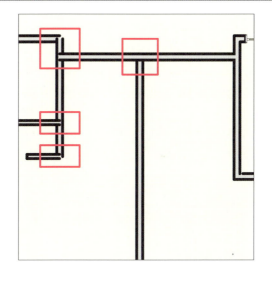

memo
例では壁結合部を多く含む範囲を選びましたが、実際には小まめに建具を囲って建具だけを削除する操作を繰り返したほうが効率的です。

column

途切れた壁の線の直し方

結合してあった壁の移動や削除によって、壁の線が途切れることがあります。この場合も[壁復元]を行えば、元の状態（線が途切れない状態）に戻ります。復元し過ぎたら、あらためて結合します。

途切れた部分を選択　　　復元後　　　再結合後

Technique No. ▶06

壁のオフセット時に意図しない方向へずれるのは？

[壁ツール]でオフセット（芯ずれ）設定するとき、オフセット値を入力していざ壁を描くと、想定していた方向と反対側にずれてしまうことがあります。これは始点からマウスを移動する方向によって、同じ設定値でもズレ方向が逆になるためです。マウス移動する方向を前と考えると、**右側が正（＋）、左側が負（－）**となります。

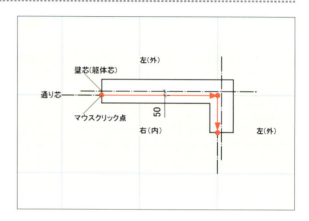

01 ここでは壁厚300mmで、外壁側に50mmの芯ずれがある壁図形の入力を例に説明します。[壁]ツールセットから[壁ツール]を選択し、ツールバーの[壁ツール設定]ボタンをクリックして[壁の設定]ダイアログを開きます。[情報]タブで[全体の厚み]に「300」を入力します。

02 [配置オプション]タブで[オフセット]に「-50」を入力し、[OK]をクリックします。

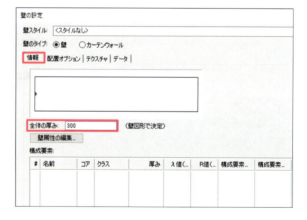

03 ツールバーで［オフセットモード］を選択し、まず始点をクリックします。オフセット値を「-50」としたので、基準線から負の方向である左側に50ずれることになります。マウスを左に移動して次の点をクリックすると、進行方向に対して左、つまり壁の上側（外側）に50ずれます。続けて、下方向と右方向に壁を描き、それぞれ進行方向に対して左にずれることを確認してください。このように外壁側に厚みを持たせた芯ずれをさせる場合は、オフセット値を負の値にして、時計回りに壁を描きます。

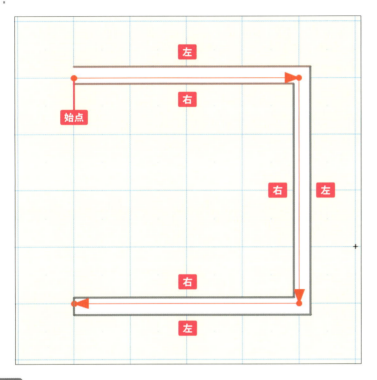

memo
反時計回りで上記のような壁を描くときには、オフセット値は正の値（ここでは「50」）にします。

Technique No. ▶ 07

壁の内部構成と高さを設定する

計画初期にはダブル線だけで示す壁でもよいのですが、設計が進むと構成要素を検討する必要が生じます。ある程度進んだところで構成要素をもった壁に書き換えましょう。初心者向けの解説書では壁構成について説明されたものが少ないので、ここで右図のような壁の内部構成と高さを設定する方法を説明します。

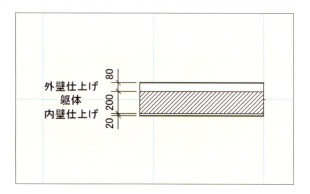

01 [壁] ツールセットから [壁ツール] を選択します。ツールバーの [壁ツール設定] ボタンをクリックして [壁の設定] ダイアログを開きます。[情報] タブで [新規] ボタンをクリックします。

02 [壁 構成要素の設定] ダイアログが開きます。最初に外壁仕上げを入力します。[名前] に「外壁仕上げ」、[厚み] に「80」、[線種 (左側)] の [太さ] に「0.50」、[線種 (右側)] の [太さ] に「0.05」を選択し、あとはデフォルトのまま [OK] をクリックします。

memo

[線種] の [太さ] を選択すると、自動的に [スタイル] が「カラー」になります。

03 [壁の設定]ダイアログに戻ったら、再び[新規]ボタンをクリックして[壁 構成要素の設定]ダイアログを開きます。次に躯体を入力します。[名前]に「躯体」、[厚み]に「200」、[線種（左側）][線種（右側）]の[太さ]に「0.05」、[面]の[スタイル]で「模様」を選択し、任意の模様を選んで[OK]をクリックします。

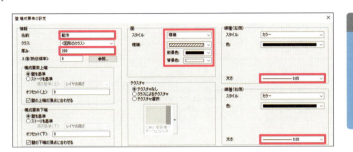

memo
線種の左右とは壁をマウス入力する方向に対しての左右を示します（P018）。

04 同様にして内壁仕上げを入力します。[名前]に「内壁仕上げ」、[厚み]に「20」、[線種（左側）]の[太さ]に「0.05」、[線種（右側）]の[太さ]に「0.50」を選択し、[OK]をクリックします。

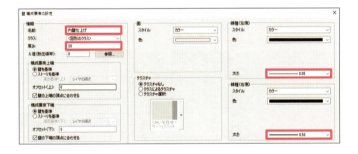

05 [壁の設定]ダイアログに戻ると、[情報]タブ上部に壁の構成が図で、[構成要素]に入力値が表示されます。これで内部構成の設定は完了です。

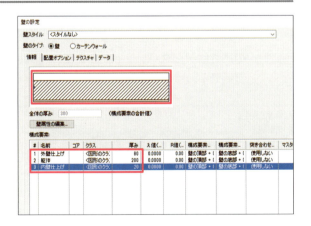

memo
この構成図では図の上側がマウス入力する方向に対しての「左」、下側がマウス入力する方向に対しての「右」になります。線種の「左右」もこれに準じています（P019）。

06 続けて高さを設定します。[配置オプション]タブを選択し、[高さ]に数値（ここでは「3000」）を入力します。[高さ基準（上）]と[高さ基準（下）]は「レイヤの高さ」を指定し、[オフセット（下）]は「0」としておけば、[オフセット（上）]の値は自動的に高さと同じ数値が入力されます。[OK]をクリックしてダイアログを閉じます。

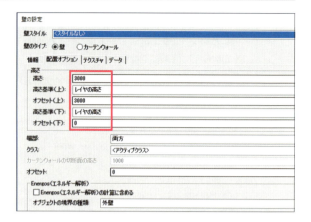

07 ツールバーで[両側線作成モード]を選択し、[壁ツール]で時計回りに壁を入力します。設定した内部構成が壁に反映されます。

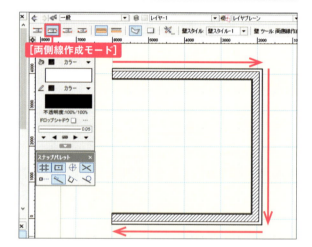

08 3D表示にすると壁に高さが設定されているのが確認できます。壁の高さはデータパレットから変更可能です。

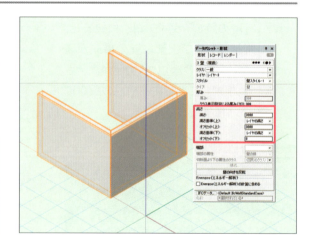

memo
データパレットで[高さ基準（上）]を「壁の高さ（レイヤ設定）」、[オフセット（上）]を「0」としておけば、レイヤに設定した壁の高さを反映することもできます。

Technique No. ▶08

斜めの敷地を水平に合わせる

地図などから敷地をトレースして作成すると、敷地が斜めになることがあります。斜めの状態のまま作図や編集をするのは、位置がわかりにくく手間がかかります。この場合、回転した作業平面（ワーキングプレーン）を作ることで、斜めの軸を水平にして作業ができます。なお、上位版では［平面を回転］ツールと画面登録の組み合わせを使うほうが効率的です。

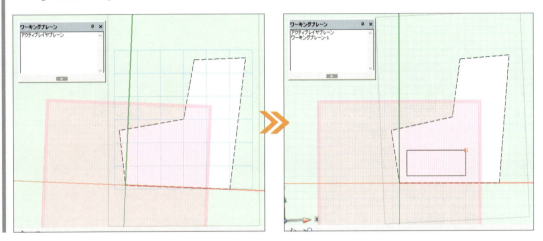

01　ここではL字型で直交していない敷地の底辺部分を水平に合わせます。まず、［ウインドウ］－［パレット］－［ワーキングプレーンパレット］を選択して、［ワーキングプレーン］パレットを開いておきます。

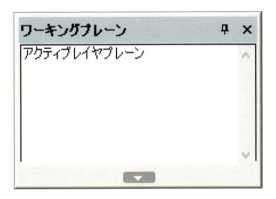

02　［3D］ツールセットから［ワーキングプレーン設定ツール］をクリックし、ツールバーで［3点指定モード］を選択します。

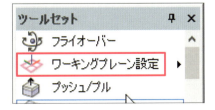

03 ワーキングプレーンの原点として点Aをクリック、X軸方向の点として点Bをクリック、Y軸方向の点として点Cをクリックして、ワーキングプレーンを設定します。

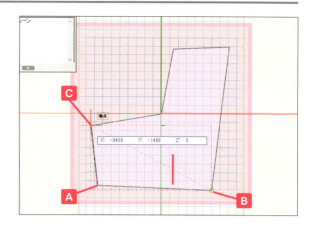

04 表示バーの[ワーキングプレーンを上から見る]ボタンをクリックすると、敷地の底辺部分が回転して水平に表示されます。

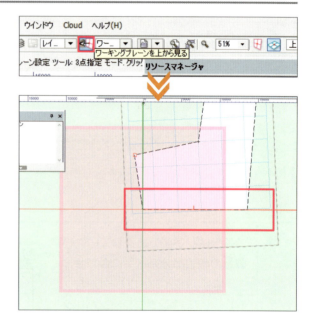

05 この状態の作業平面（ワーキングプレーン）を保存します。[ワーキングプレーン]パレットの下にある▼ボタンをクリックして、[新規]を選択します。

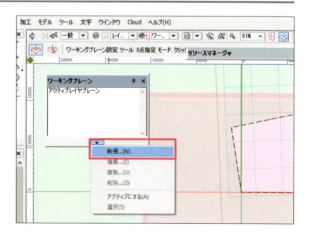

06 [新規ワーキングプレーン] ダイアログが開きます。[ワーキングプレーンの名前] を入力して [OK] をクリックします。

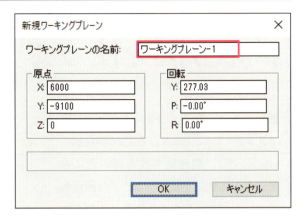

07 ワーキングプレーンが保存できました。これで建物などの入力がラクになります。

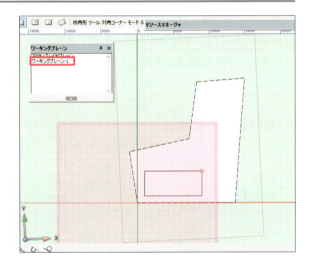

memo

ワーキングプレーンは複数設定できるので、敷地や建物に合わせて設定し、切り替えて使えます。ワーキングプレーン使用時は [ワーキングプレーン] パレットを開いておきます。[ワーキングプレーン] は [画面登録] で登録できるので、登録して活用すると便利です。

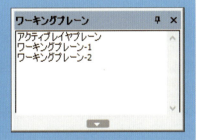

Technique No. ▶09

間取り図を使って壁を描く

設計の初期段階で、線画による間取り図でスタディすることは多いでしょう。Vectorworksでは、四角形や多角形の辺に一度に壁を作成できます。ここでは四角形で作った間取り図に［多角形から壁を作成］で壁をつくる方法を紹介します。なお、上位版にはこのコマンドがないため、［図形からオブジェクトを作成］を使います（次ページColumn参照）。

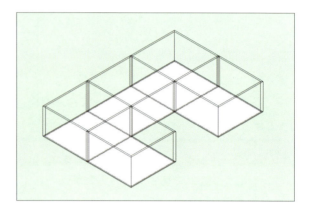

01 ［四角形ツール］や［多角形ツール］で間取り図を描きます。図形をひとつ選択し、［加工］メニューの［多角形から壁を作成］を選択します。

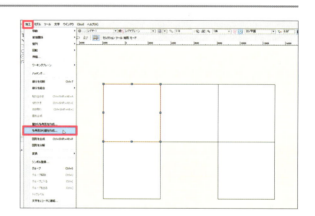

02 ［多角形から壁を作成］ダイアログが開きます。ここでは［多角形の辺を壁の中心に］と既存の壁スタイルを［使用する］を選択して、［OK］をクリックします。

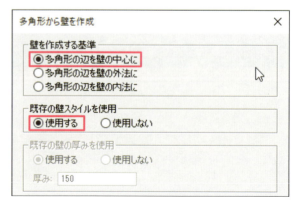

03 選択した図形の辺に壁が作成されます。壁の寸法やスタイルを変更したい場合はデータパレットで変更します。すべてに壁を建てる場合は上記を繰り返しますが、隣接する図形は壁がダブります。それを避けるために、離れた位置で壁を作ってから、[壁結合] や移動をして全体を構築していきます。

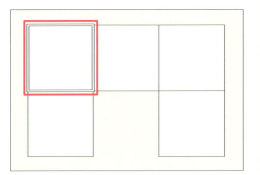
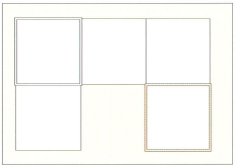

column

[図形からオブジェクトを作成] で壁をつくる

上位版（Architect、Designer など）では [図形からオブジェクトを作成] で一気に壁を作ることができます。壁を作成したい図形をすべて選択し、右クリックして [図形からオブジェクトを作成] を選択します。[図形からオブジェクトを作成] ダイアログの [オブジェクトタイプ] で「壁」を選び、[オフセット] を指定して [OK] をクリックすると、選択したすべての図形に壁ができます。壁の寸法やスタイルを変更したい場合は、データパレットで変更します。

Technique No. ▶ 10

閉じているファイルにある シンボルを使う

シンボルやプラグインオブジェクトを使うときには、リソースマネージャから取り込みます。通常、リソースマネージャで表示するシンボルは現在開いているファイルか、ライブラリにあるファイルを指定しますが、閉じているファイルからもシンボルを取り込んで使用できます。

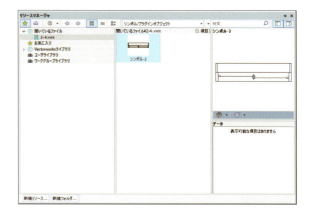

01 リソースマネージャを開き、[リソースタイプ] 欄から「シンボル/プラグインオブジェクト」を選択します。

> **memo**
> リソースマネージャが閉じているときは、[ウインドウ] メニューの [パレット] ー [リソースマネージャ] を選択します。

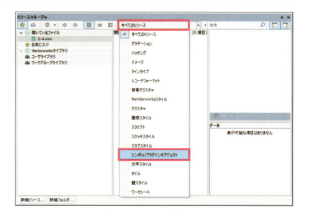

02 [アクション] ボタンをクリックして、開いたメニューから [ファイルを閲覧] を選択します。

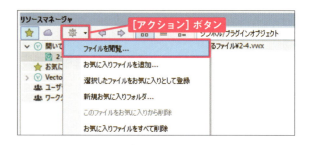

03 [開く:Vectorworks] ダイアログが開きます。取り込みたいシンボルを含むファイルを選択し、[開く] ボタンをクリックします。

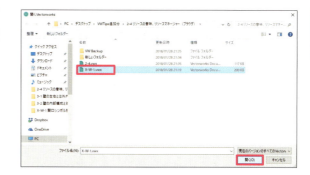

04 リソースマネージャの [閲覧中のファイル] に 03 で選択したファイル（ここでは「X-W-1.vwx」）が登録され、ファイル内のシンボル/プラグインオブジェクトが表示されます。取り込みたいシンボルをダブルクリックすると、現在開いているファイルにシンボルを取り込むことができます。

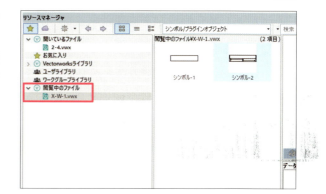

> **memo**
>
> 2016 以前のバージョンではリソースブラウザで操作します。[ファイル] の▶ボタンをクリックして、[ファイルを閲覧] を選択します。手順 03 と同様にして取り込みたいシンボルがあるファイルを開くと、そのファイルに登録されているシンボル/プラグインオブジェクトが表示されます。

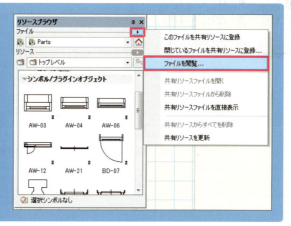

Technique No. ▶ 11

開口シンボルを作成して壁に挿入する

壁に開口を設ける方法には、壁図形を分割して作図する、[削り取る]コマンドなどで壁に穴を空けるなどがありますが、開口シンボルを作成しておけば、壁にシンボルを挿入するだけで簡単に開口部が作成できます。ここでは、厚み200mmの壁に、幅1000mm、高さ1000mmの開口を作るシンボルの作成方法を説明します。

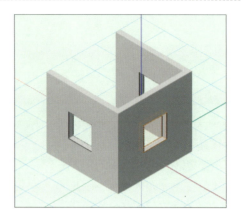

01 [四角形ツール]で幅「1000」、高さ「200」の長方形を作図します。長方形を選択し、[加工]メニューの[シンボル登録]を選択します。

> **memo**
> 開口になる図形は必ず横置きで入力します。縦置き入力すると壁へ直行方向に挿入されてしまいます。

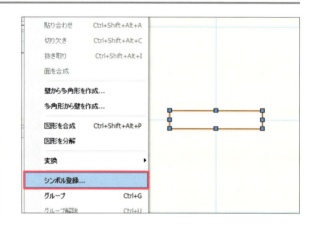

02 [シンボル登録]ダイアログが開きます。[挿入点]が[図形の中心]、[挿入位置]の[壁の中心]の選択、[その他]の[元の図形を用紙に残す]のチェックを確認して、[OK]をクリックします。次に[フォルダの指定]が出たら任意のフォルダー(または新規フォルダー)を選択して[OK]をクリックします。

03 これで長方形がシンボル登録されました。次にこの図形をハイブリッドシンボルにする編集をします。長方形をダブルクリックして、[シンボル編集] ダイアログを開きます。[編集する属性] で [2D] にチェックを入れて、[編集] ボタンをクリックします。

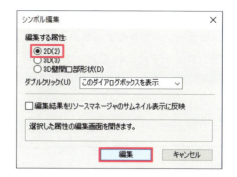

04 シンボルの編集画面が開きます。長方形を選択し、[編集] メニューの [複製]（Ctrl + D キー）を選択して、同位置に複製します。

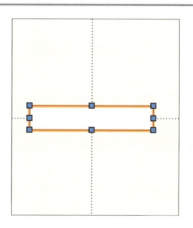

> **memo**
> 同位置に複製するには [環境設定] ダイアログの [ずれを伴う複製] のチェックが外れている必要があります。

05 複製した図形が選択された状態で、[モデル] メニューの [柱状体]（Ctrl + E キー）を選択します。[生成 柱状体] ダイアログの [奥行き] に「1000」を入力して [OK] をクリックします。これで複製図形が柱状体になります。

06 柱状体が選択された状態のまま、属性パレットの面属性を「なし」にします。[シンボルを出る] ボタンをクリックします。

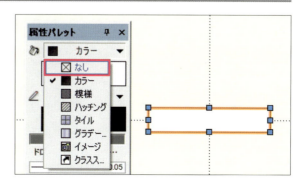

07 ハイブリッド図形に変換するかの確認メッセージが開きます。[はい]をクリックします。これでシンボルの編集は終了です。

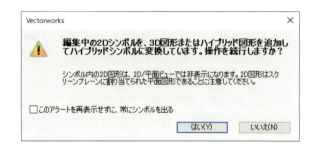

08 2D表示の状態で、壁図形（厚み200mm）に作成した開口シンボルを挿入します。

> memo
>
> 壁にシンボル挿入する場合には、壁と開口シンボルが同じレイヤにある必要があります。

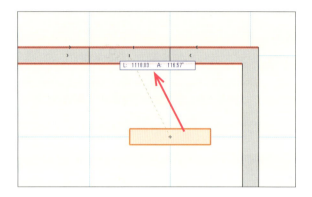

09 開口シンボルが壁に挿入されると、データパレットの図形タイプが「2D/3Dシンボル」から「壁の中のシンボル」に変更されます。データパレットで[高さ]に「1000」を入力します。

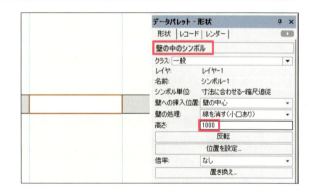

10 3D表示に切り替えます。OpenGLなどでレンダリングして、開口ができていることを確認します。

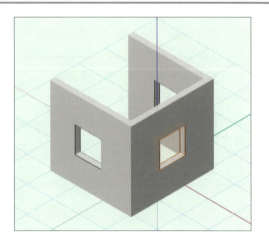

Technique No. ▶ 12

シンボルを置き換える

設計の初期段階では単純な形でボリュームをつかんでおき、詳細が確定したらシンボルを置き換えることで検討の結果を設計に活かせます。データパレットの［置き換え］を使えば、シンボルを挿入し直さなくても同位置で別のシンボルに置き換えることができます。

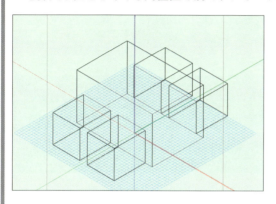
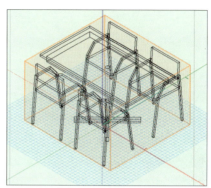

01 ここでは、単純な柱状体を使って作ったテーブルセットのシンボルを詳細なテーブルセットデータに置き換えます。柱状体のシンボルを選択し、データパレットの［置き換え］ボタンをクリックします。

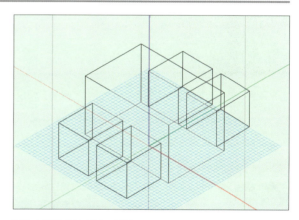
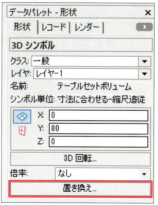

033

02 [シンボル選択]ダイアログが開きます。[置き換えるシンボルを選択]のプルダウンメニューから置き換えるシンボルを選択して、[OK]をクリックします。

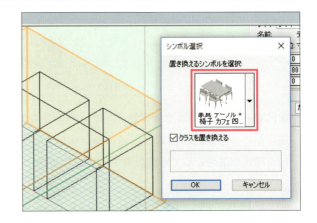

> **memo**
> [シンボル選択]ダイアログの[クラスを置き換える]にチェックが入っていると、作成時に特定のクラスを割り当てなかったシンボルは、アクティブクラスに置き換えられます。作成時に特定のクラスを割り当てたシンボルはこのチェックに関わらず、シンボル自体に設定した特定のクラスのまま置き換えられます。

03 柱状体のシンボルが、選択したシンボルに置き換えられます。

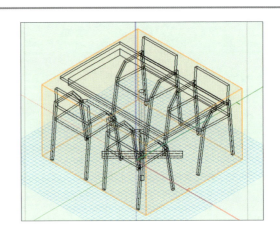

> **memo**
> [置き換え]で選択できるシンボルは、アクティブファイルに取り込み済みのシンボルしか選べません。他のファイルにあるシンボルに置き換えたいときは、リソースマネージャから取り込みたいシンボルが含まれるファイルを選択し、一覧にある取り込みたいシンボルを右クリックします。表示されるメニューから[取り込む]を選択してシンボルをアクティブファイルに取り込みます。

Technique No. ▶ 13

サイズが決まっている図形は [生成] ダイアログから

Vectorworksの図形作成ツールには、ダブルクリックで [生成] ダイアログを表示できるものが多くあります。サイズが決まっている図形は、マウスで描くよりも数値入力で作図したほうが速くて正確です。

01 たとえば [四角形ツール] のアイコンをダブルクリックすると、[生成] ダイアログが開きます。四角形の場合は [幅] と [高さ] の数値を入力し、図形の基準点となる位置をラジオボタンの指定で決めます。[マウスクリックで位置決め] にチェックが入っていることを確認し、[OK] をクリックします。

02 作図ウィンドウの任意の位置をクリックして、四角形を配置します。

memo

[マウスクリックで位置決め] のチェックを外すと、[X] [Y] の座標入力が有効になり、作図ウィンドウをクリックしなくても基準点が指定した座標値になるように配置されます。

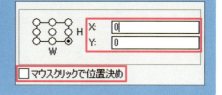

Technique No. ▶ 14

データパレットでプランを修正する

データパレットを使えば、間取りを計画する段階で四角形を使ったラフなプランを作っておき、後から正確な間取りに修正するといった作図方法が可能です。

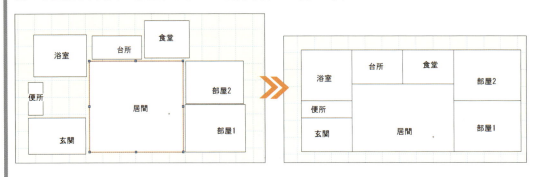

01 四角形でおおよその部屋の配置を決めたら寸法を入力します。ここでは中央となる居間を選択し、データパレットで[幅]に「5460」、[高さ]に「3640」と入力しました。

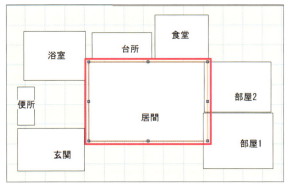

memo
データパレットの欄には、数値だけでなく計算式を入力することも可能です。

02 隣り合った部屋の寸法を入力するときは、基準となる四角形（ここでは居間）の角に合わせてから寸法を入力します。その際、データパレットの基準点位置も合わせた角に変更します。

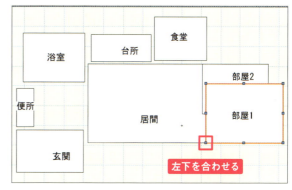

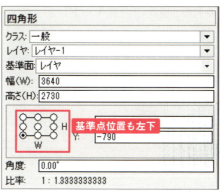

03 01と02を繰り返せば、正確な寸法の間取りに修正できます。

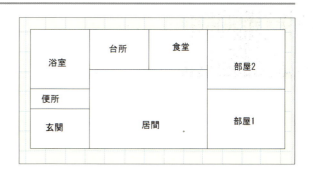

Technique No. ▶ 15

不規則な線図形に一瞬で面を作成する

直線や曲線などで作図した閉じた図形に面を作成したいとき、[多角形ツール] でひとつひとつ頂点をクリックしながら描くのは面倒です。そのようなときは [多角形ツール] の [境界の内側モード] を使います。不規則な形状の面でも、閉じた領域の内側をクリックすれば一瞬で面が作成されます。

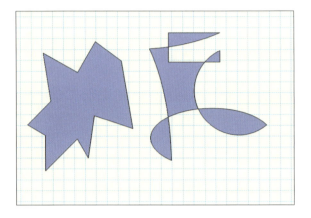

01 [線ツール] などの 2D ツールで輪郭を描きます。

memo
このとき、囲まれた領域に隙間がないようにしてください。輪郭の端点同士がぴったり合わなくてもかまいません。少しクロスさせるように描くとラクです。

02 [多角形ツール] をクリックして、ツールバーの [境界の内側モード] を選択します。

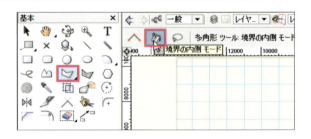

03 囲まれた領域の内部（ここでは6ヵ所）でクリックします。

04 多角形状の面が作成されます。囲まれた領域であれば、どんな形でもクリックするだけで面が作成できます（右図はどちらも元の線は削除しています）。

memo
NURBS曲線などの3Dツールで描いた曲線には面を作成できません。

Technique No. ▶ 16

複雑な建物外形は
2Dのブーリアン演算で作る

地図などから複雑な凹凸を持つ建物の形をトレースする場合、[多角形ツール]を使うよりも[貼り合わせ]や[切り欠き]などの2Dブーリアン演算を使うほうが、速く正確に形を作れることがあります。建物だけでなく道路や敷地の形状を作成する際にも活用できます。

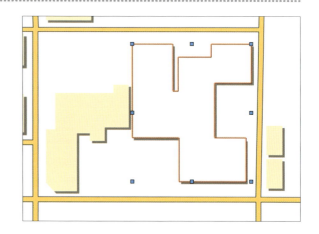

01 地図にある図の建物の形をトレースする例で説明します。[四角形ツール]をクリックします。

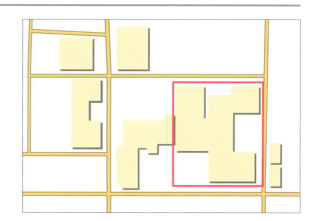

02 建物の形に合わせて四角形を作成します。建物の外形をキープしたまま、四角形を重ねて埋めていくイメージです。

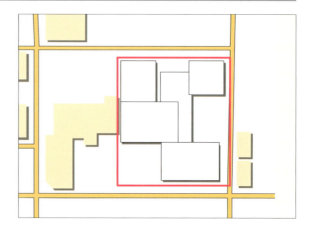

03 作成した四角形をすべて選択して［加工］メニューの［貼り合わせ］を選択します。

04 四角形が貼り合わされ、建物外形の多角形が作成されます。

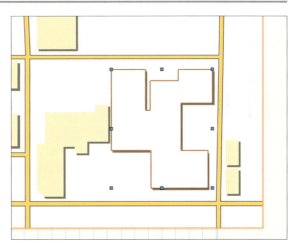

> **memo**
>
> ここでは［貼り合わせ］で外形を作成しましたが、作成した四角形から［切り欠き］コマンドで不要な四角形を削除する方法でも、建物の外形を作ることが可能です。

Technique No. ▶ 17

複数の線の長さを一括して揃える

Vectorworks は製図に特化した CAD ではないので、線だけを使った作図では、そのものズバリのコマンドが見つからなくて戸惑うことがあります。通り芯の長さを揃えたいときなど、複数の線の長さ（端点の位置）を一括で揃えたい場合は、［消しゴムツール］を使います。

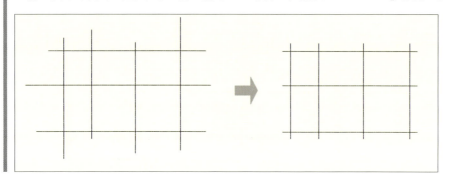

01　処理したい線分をすべて選択します。

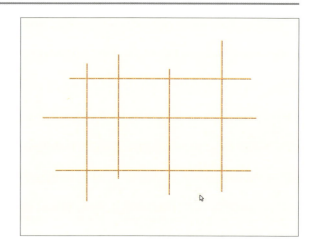

02　［消しゴムツール］をクリックして、ツールバーの［逆消しゴムモード］を選択します。

03 残したい部分をマーキーで囲みます。

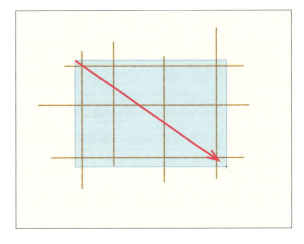

04 マーキーで囲まれた水色の部分からはみ出した部分が消去され、線分の長さが揃った状態になります。

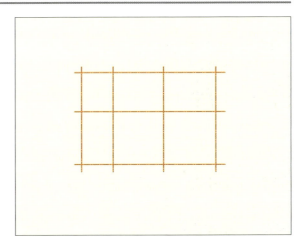

> **memo**
>
> [消しゴムツール]の[消しゴムモード]ではマーキーで囲んだ範囲の内側が消去されますが、ここで説明した[逆消しゴムモード]では囲んだ範囲の外側が消去されます。モード切り替えでいろいろな消し方が可能です。

Technique No. ▶ 18

2点指定だけで図形を並べて複製する

［ポイント間複製ツール］（ Shift ＋ M キー）は、指定した2つの点の位置関係に基づいて図形を複製するツールです。図形を並べながら複製する方法には、ダイアログでさまざまな設定ができる［配列複製ツール］がありますが、［ポイント間複製ツール］はツールバーで設定したら画面上の2点をクリックするだけでよく、とりあえず直線状にいくつか複製したいときに便利です。

隙間なく図形を並べて複製する＝［移動モード］

01 一定サイズのものを隙間なく並べたり、一定の間隔で並べたりする場合は［移動モード］を使います。対象となる図形を選択し、［ポイント間複製ツール］をクリック（または Shift ＋ M キー）します。

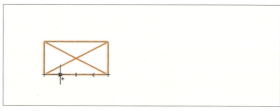

02 ツールバーの［移動モード］と［図形の保持モード］をクリックしてオンにし、［複製の数］を適宜設定（ここでは「4」）します。

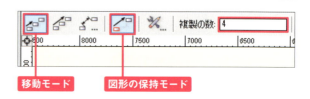

03 複製の基準とする点（例では左下）をクリックし、次に移動距離と方向になる点（例では右下）をクリックすると、2番目にクリックした方向に指定した数だけ図形が複製されます。

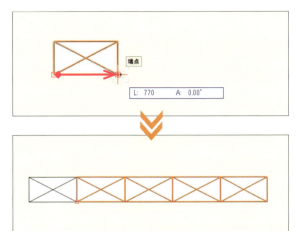

> **memo**
> 3Dでも同様に操作できます。

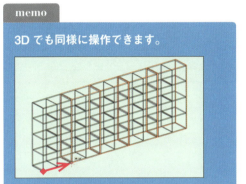

一定距離内に図形を均等に並べて複製する＝［均等配置モード］

01 ある一定の距離の中に図形を均等に複製する場合には、［均等配置モード］を使います。対象となる図形を選択し、［ポイント間複製ツール］をクリックします（前ページ参照）。ツールバーの［均等配置モード］と［図形の保持モード］をクリックし、［複製の数］を適宜設定（ここでは「2」）します。

02 複製の基準とする点（例では右下）をクリックし、次に複製する距離の終点（例では右側のグレー部分の内側）をクリックすると、2番目にクリックした点までの間に指定した数の図形が均等に複製されます。

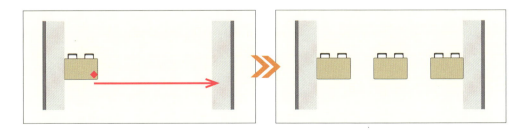

Technique No. ▶ 19

ドラッグコピーを基準に複製する

Ctrl ＋ドラッグによって図形は任意の位置にコピー（複製）されます。このとき、[環境設定] ダイアログで [ずれを伴う複製] がオンになっていると、そのあとに [複製] コマンド (Ctrl ＋ D キー) を実行すれば、最初のドラッグコピーの位置や距離を基準にして、同方向に複製されます。

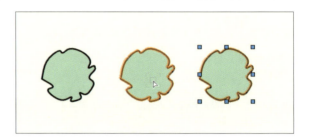

01 [ツール] メニューの [オプション] －[環境設定] から [環境設定] ダイアログを開き、[描画] タブで [ずれを伴う複製] にチェックを入れ、[OK] をクリックしてダイアログを閉じます。

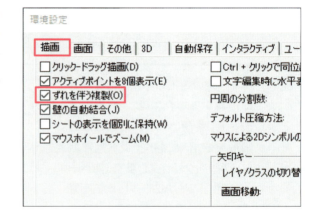

02 複製したい図形を選択し、Ctrl ＋ドラッグ（ Ctrl キーを押したままマウスをドラッグ）で適当な位置に複製します。

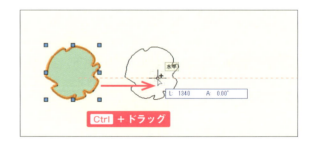

03 複製された図形を選択したまま、Ctrl + D キーを押す（[編集] メニューの [複製]）と、02 で複製したときと同じだけ離れた位置に複製されます。そのまま繰り返し Ctrl + D キーを押すと、同じ距離で同方向に複製されます。

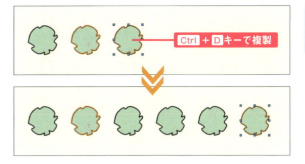

memo

ここで示した方法のメリットは、あらかじめ複製する数を決めなくてよいことや、画面上の図形を見ながら直感的に操作できることです。エスキスのような試行錯誤的な作業のときに便利です。

column

複製後に全体の間隔を調整したいときは？

複製後に全体の間隔を広げたり狭めたりしたくなる場合は、端のひとつを動かした後、すべての図形を選択します。[加工] メニューの [整列] － [整列] で [整列] ダイアログを開き、[均等配置] の [間隔] で整列させます（P049）。

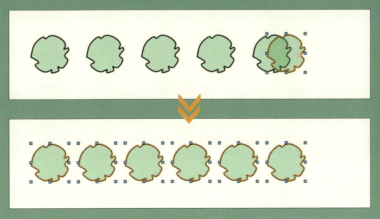

Technique No. ▶20

均等配置の［左右中央］と［間隔］、どちらで並べるか？

［整列］のオプションには、［整列］と［均等配置］の2種類があります。建築設計では設備器具や家具などの間隔を考慮して均等に配置するケースが多く、［均等配置］のどの設定で並べるか迷うところです。［左右中央（上下中央）］を選ぶと選択図形の基準位置の間隔が揃い、［間隔］を選ぶと選択図形の隙間距離が揃います。以下、それぞれの使い分けについて説明します。

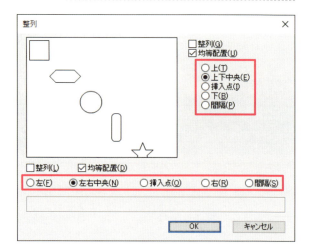

［左右中央（上下中央）］

たとえば、小便器は利用者の動作空間が等しくなるように並べるのが一般的です。小便器の形状が同じでも、異なっていても、中心間の距離が揃うように配置します。このような場合に適しているのは、中心を基準として配列する［左右中央（上下中央）］です。器具間の隙間の距離は異なっても、中心間の距離が一定になります。

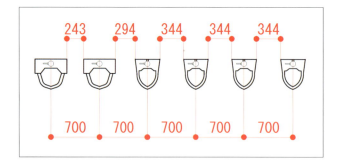

memo
シンボルやプラグインオブジェクトを使って配置する場合、挿入（基準）点が図形の心、左右の中心、上下の中心のいずれかになっていれば、［左右中央（上下中央）］と［挿入点］のどちらを選んでも、同じ結果になります。ここに示す例も同様です。

［間隔］

たとえば、テーブルセットは椅子に座った人の動作空間と、椅子と椅子の間の通路部分を考慮して配置するのが一般的なので、テーブルではなく椅子の背と背の間隔が揃うように配置します。この操作に適しているのは［間隔］です。テーブルセット図形の中心間距離はバラバラになりますが、椅子同士の隙間が一定になります。

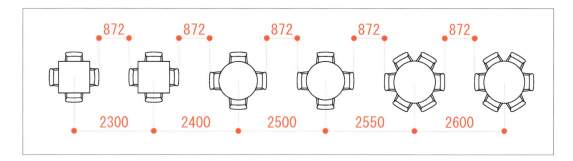

> **memo**
> 同一形状の図形の整列は、［配列複製］や［ずれを伴う複製］を使ったほうが、すばやく均等配置できるので、あえて［整列］－［均等配置］を使う必要はありません。

Technique No. ▶21

均等配置した図形の隙間寸法を変更する

図形の隙間間隔を揃えたいときには [均等配置] の [間隔] を選びますが (P049)、均等配置後に、この隙間寸法を変更することができます。

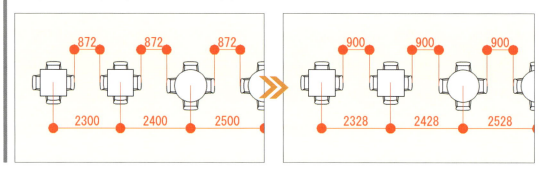

01 例として、P049で [間隔] で均等配置したテーブルセットを使います。P049では872mmの間隔で均等配置されましたが、この間隔を900mmにしてみます。右端のテーブルセットを選んで、[加工] メニューの [移動] － [移動] (Ctrl + M キー) を選択します。

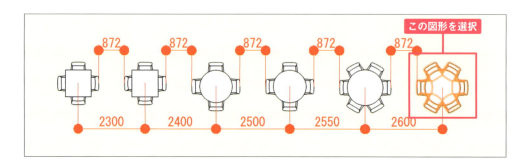

02 [図形を移動] ダイアログが開きます。[X方向] に「(900-872)*5」を入力し、[OK] をクリックします。

> **memo**
>
> ここでは、左端のテーブルセットの位置を固定して考えます。[X方向] の式は、変更寸法の差分「900-872」を隙間の数「5」だけ乗じた位置に、右端のテーブルセットを移動するという意味です。計算結果の「140」を直接入力してもよいですし、「900-872」を計算して「28*5」と入力してもかまいません。

03 右端のテーブルセットを移動したら、テーブルセットすべてを選択し、[加工] メニューの [整列] − [整列]（ Ctrl ＋ @ キー）で [整列] ダイアログを開きます。再び、下の [均等配置] の [間隔] を選択して [OK] をクリックします

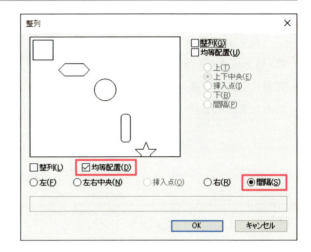

04 テーブルセットの隙間間隔が 900mm に変更されます。

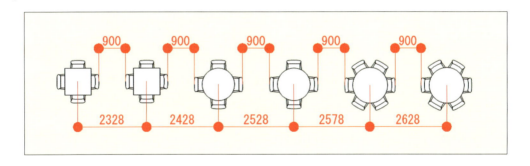

Technique No. ▶22

指定した位置に図形を揃える

複数の既存図形の位置を揃えるときは［整列］コマンドを使いますが、一番端にある図形を基準に位置が揃ってしまいます。指定した位置に揃えたいときには2D基準点を使います。図形を揃えたい位置に2D基準点を置くと、その位置に合わせて他の図形が整列します。

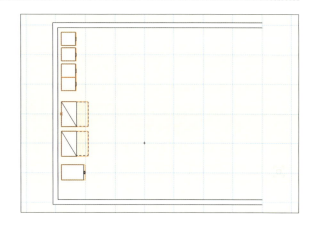

01　ここでは、左側の壁から100mm離れた位置に家具の図形を揃えて配置します。［2D基準点ツール］をクリックし、左側の壁から100mm離れた位置をクリックして2D基準点を配置します。

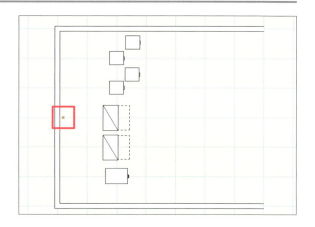

02　2D基準点とすべての家具図形を選択し、［加工］メニューの［整列］－［整列］を選択します。

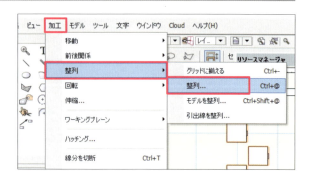

03

[整列] ダイアログが開きます。下の段の [整列] にチェックを入れ、[左] を選択して [OK] をクリックします。

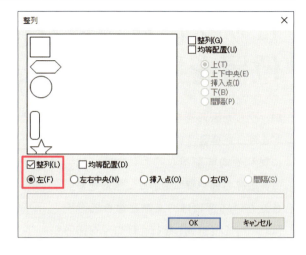

04

2D 基準点の位置に合わせて、家具図形が整列します。

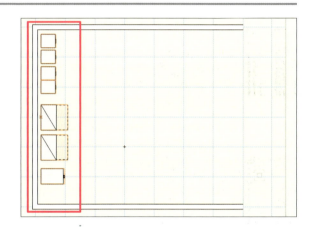

memo

このケースでは 2D 基準点が選択図形のなかで一番左端にありましたが、右端にあったとしても、他の図形の左端が 2D 基準点に合うように移動します。どの位置にあっても 2D 基準点は動きません。

Technique No. ▶23

ロックした図形を使って位置を揃える

ロックした図形を含めて[整列]コマンドを使った場合、ロックした図形を基準に整列や均等配置が行われます。例えば、既存の柱や壁に合わせて図形を整列させたい場合には、基準となる図形を[ロック]し[整列]を行えばロック図形に合わせて整列できます。

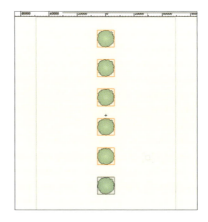

01 ここでは樹木を整列させ並木を作ります。基準となる樹木図形を選択し、[加工]メニューの[ロック]を選択して図形をロックします。

 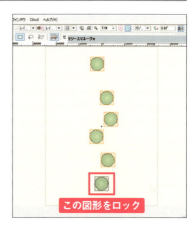

02 すべての樹木を選択し、[加工]メニューの[整列]-[整列]を選択して[整列]ダイアログを開きます。ここでは左右方向は[整列]の[左右中央]、上下方向は[均等配列]の[上下中央]にし、[OK]をクリックします。

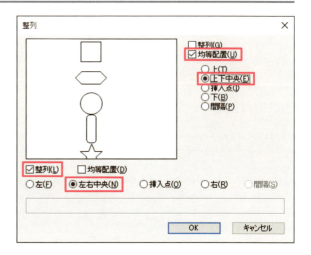

03 これで樹木がロック図形を基準にして、揃って配置されます。

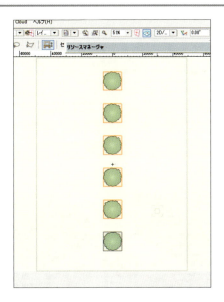

memo

ロック図形を中間部分に入れて均等配列を行うと、図形が均等に配置されません。この方法を使う場合は、ロックした図形を端部に配置する必要があります。

Technique No. ▶24

取り込んだ画像をクロップする

Vectorworks に画像を取り込むときは、事前に画像処理ソフトでクロップ（切り抜き）しておくのが好ましいですが、取り込んだ後でもクロップは可能です。画像のクロップは［クロップの設定］で行います。

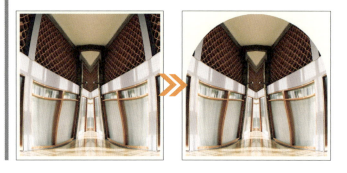

01 Vectorworks に取り込んだ画像を右クリックして［クロップの設定］を選ぶか、画像をダブルクリックします。

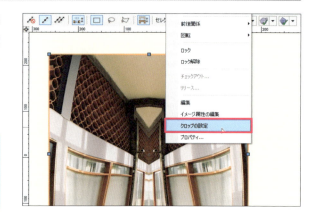

> **memo**
> 旧バージョンには［クロップの設定］機能がありません。その場合は、次項の方法で擬似的にクロップできます。

02 「Bitmap 枠の編集」の画面に入ります。

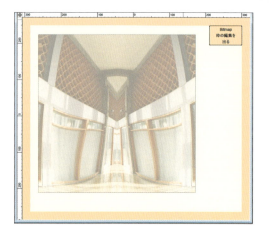

03 画像の枠（輪郭）となる図形（ここでは円）を描き、右上の［Bitmap枠の編集を出る］ボタンをクリックします。

memo
Ctrl ＋] キーを押しても、編集画面を出られます。

04 03 で描いた図形の形でクロップされます。

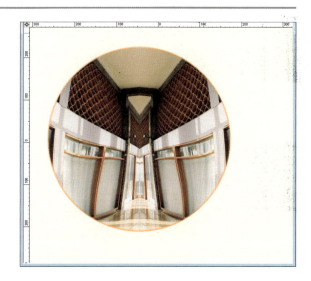

memo
編集後の画像をダブルクリックするか、右クリックして［クロップの設定］を選べば、クロップ枠を再編集できます。枠の編集では［切り欠き］や［貼り合わせ］、［抜き取り］を使って、複雑な形の枠も作れます。

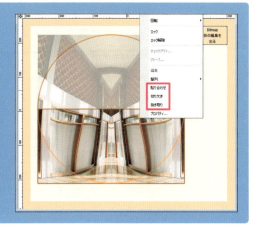

Technique No. ▶ 25

マスク図形による擬似的クロップ

前項の[クロップの設定]では、1画像につき画像枠を1つしか設定できません。右図のように1画像に対して複数の枠を作りたい場合や、[クロップの設定]機能が搭載される前のバージョンではマスク用の図形を自作すれば擬似的にクロップできます。

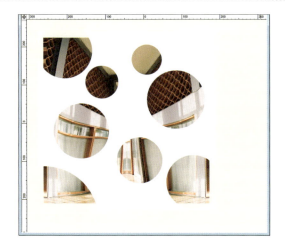

01 表示バーの[アクティブクラス]から[新規クラス]を選んで、新規クラスを作成します。

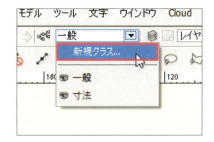

> **memo**
> 新しいクラスは[オーガナイザ]でも作成できます。

02 [クラスの作成]ダイアログが開きます。[名前]に「マスク」と入力し、[作成時に編集ダイアログボックスを表示]にチェックを入れて[OK]をクリックします。

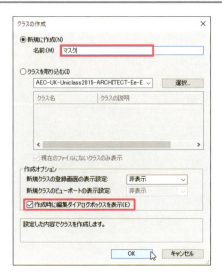

03 [クラスの編集] ダイアログが開きます。[グラフィック属性] の [属性を使う] にチェックを入れ、[面] の [スタイル] は [カラー]、[色] は白 (紙色) とし、[不透明度] を「50」%程度にします。[線] の [スタイル] は [なし] にして、[OK] をクリックします。

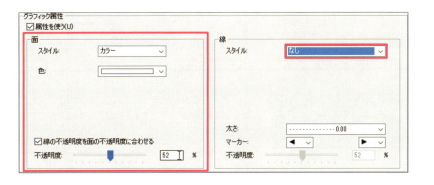

04 作成した「マスク」クラスをアクティブにします。

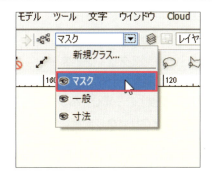

05 画像の上に同じ大きさの四角形を描き、[オフセットツール] を [元図形のオフセットモード] にして、四角形を画像より少し大きくします。

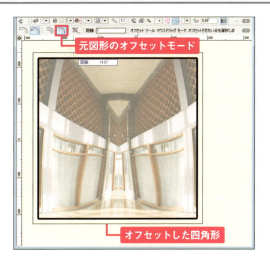

memo

最初から少し大きめの四角形を描いてもかまいませんが、オフセットを使ったほうが手早く正確です。また画像より少し大きくするのは、印刷時に輪郭に画像の色が出てしまうおそれがあるからです。

06　クロップ枠（輪郭）となる図形（ここでは円）を描きます。先ほど描いた四角形とクロップ枠図形を選択して右クリックし、[切り欠き]を選択します。円を削除すると、マスク図形ができます。

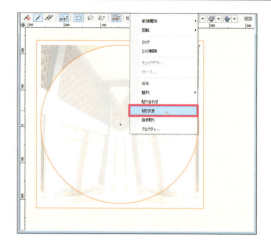

memo

クロップ枠の図形は、2Dの面ツール（四角形、多角形、円など）を使って描きます。

07　「マスク」クラスの不透明度を戻します。[オーガナイザ] ダイアログを開き、「マスク」が選択された状態で [編集] ボタンをクリックします。[クラスの編集] ダイアログで [面] の [不透明度] を「100」%に戻して、[OK] をクリックします。

memo

複数の枠を作るときは、すべての枠を作成した後に不透明度を戻します。

08　マスク図形でクロップができました。画像とマスク図形を選んでグループ化（Ctrl + G キー）しておきます。

memo

枠の形を変えたいときは、[切り欠き] や [貼り合わせ] などを使ってマスク図形を編集します。

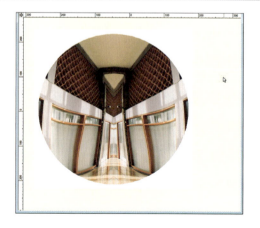

Technique No. ▶26

オブジェクトに名前を付ける

オブジェクトに固有の名前を設定しておくと、図形選択マクロやワークシート／データベースでのデータ検索時に便利です。オブジェクトの名前は、データパレット下部の[名前]欄で入力できます。

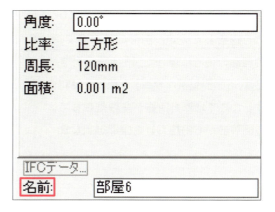

01 図形を選択して、データパレット下部の[名前]欄に名前（ここでは「部屋1」）を入力します。

> **memo**
> 名前はユニークな存在でなければならず、同じ名前を重複して付けることはできません。

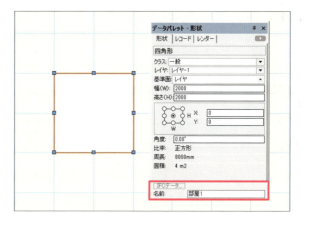

02 「部屋1」と名前を付けた図形を複製すると、複製された図形には名前の末尾に連番が自動で付加されます。

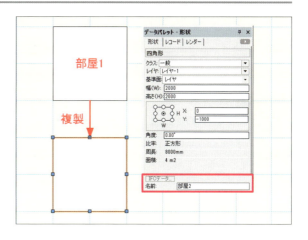

Technique No. ▶ 27

込み入った図形群から特定の図形を選択する

図形を選択する際、特定の図形タイプのものを選択したいが、図形の数が多く、他の図形の後ろに隠れた図形があるときなどは、[図形選択マクロ] を使うと便利です。ここでは球と円錐が多数混在している図形群から円錐だけを図形選択します。

01 [ツール] メニューの [図形選択マクロ] を選択します。

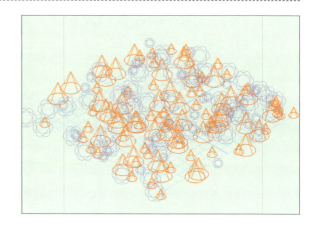

02 [図形選択マクロ] ダイアログが開きます。[コマンド] の [解除してから選択] にチェックを入れ、[オプション] の [実行] にチェックが入っていることを確認して、[検索条件] ボタンをクリックします。

memo
コマンド実行時に選択している図形を含まないようにするため、[解除してから選択] を選びます。

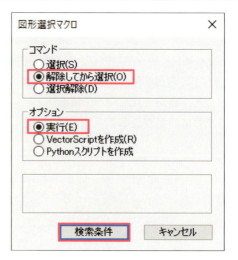

03 [検索条件]ダイアログが開いたら、検索対象の指定をします。左の欄で[タイプが]を選び、右の欄で[円錐]を選択したら、[OK]をクリックします。

04 円錐図形だけが選択されます。

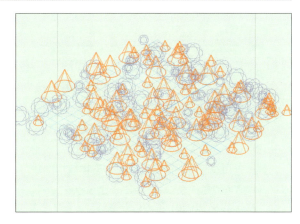

> **memo**
> [検索条件]ダイアログの[検索対象を追加]ボタンをクリックすると、複数の条件を使った図形の絞り込みもできます。

---

column

連番の付いた同じ名前の図形を選択する

図形選択マクロで「部屋1」、「部屋2」、「部屋3」…と連番の付いた同じ名前の図形（P061）をすべて検索対象にしたい場合は、[ツール]メニューの[図形選択マクロ]を選択し、[検索条件]ボタンをクリックして[検索条件]ダイアログを開きます。検索条件の左で「名前が」を選択し、右で「部屋*」のように名前のあとにワイルドカードを入力して[OK]をクリックします。

Technique No. ▶ 28

データシートにオブジェクトの数を書き出す

選択したオブジェクトの数はデータパレットで確認できますが、データシートにその数を書き出すこともできます。選択したオブジェク数を部材拾いや積算などで表計算に利用するときに便利です。

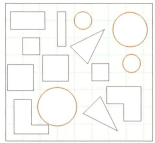

01　ここでは複数ある図形から円図形の数をワークシートに書き出す手順を示します。リソースマネージャの[新規リソース]ボタンをクリックして[リソースの作成]ダイアログを開きます。[作成する種類]から[ワークシート]にチェックを入れて[作成]ボタンをクリックします。

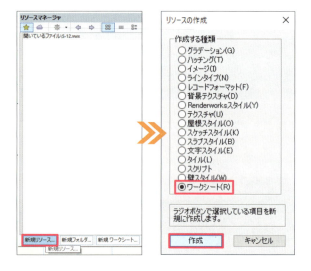

memo
2016以前のバージョンでは、リソースブラウザの[リソース]の▶をクリックし、メニューから[新規]－[ワークシート]を選択します。

02　[ワークシートを作成]ダイアログが開きます。[名前]に任意のワークシート名を入力し、[行]と[列]の数を指定して[OK]をクリックします。

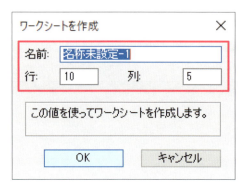

03 ワークシートが表示されます。任意のセルにキーボードから「＝」(半角) を入力し、ワークシートの [挿入] メニューから [関数] を選択します。開いた [関数選択] ダイアログから「Count」を選択して [OK] をクリックします。

04 続けて、ワークシートの [挿入] メニューから [検索条件設定] を選択します。開いた [検索条件] ダイアログで検索条件を入力します。ここでは [タイプが] と [円] を選択し、[OK] をクリックします。

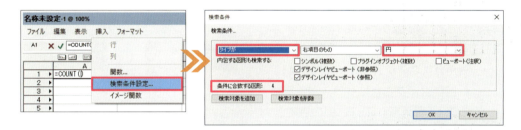

> **memo**
>
> 結果を残す必要がなければ、[検索条件] ダイアログの [条件に合致する図形] で図形の数を確認できます。

05 ワークシートのセルには「＝COUNT (((ST=CIRCLE)))」と表示されます。このまま Enter キーを押すと、セルに結果 (ここでは「4」) が表示されます。

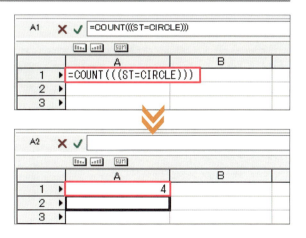

Technique No. ▶29

オブジェクトの
レイヤ／クラス一覧表を作成する

多くのデータを扱って細かな作業をしていると、オブジェクトのレイヤやクラス属性の設定をまちがえ、整合性が取れなくなることがあります。すべてのオブジェクトのレイヤやクラスの一覧表を作成しておくと、整合性のチェックに役立ちます。

01 ここでは図のような14個のオブジェクトの例で説明します。それぞれに名前が「No.1」〜「No.14」、図形タイプごとにクラスが「多角形」「四角形」「円」、面の色ごとにレイヤが「白」「赤」「青」「黄」に分類してあります。このデータのレイヤとクラスの一覧を作ります。

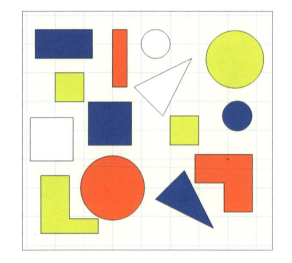

02 リソースマネージャの［新規リソース］ボタンをクリックして［リソースの作成］ダイアログを開きます。［作成する種類］から［ワークシート］にチェックを入れて［作成］ボタンをクリックします。

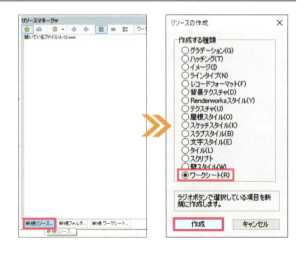

> **memo**
> 2016以前のバージョンでは、リソースブラウザの[リソース]の▶をクリックし、メニューから[新規]ー[ワークシート]を選択します。

03 [ワークシートを作成]ダイアログが開きます。[名前]に任意のワークシート名を入力し、[行]と[列]の数を指定して[OK]をクリックします。

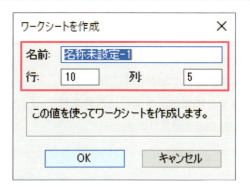

04 表示されたワークシートの「1」行目タイトル右側の「▶」を右クリックして、メニューから「データベース」を選択します。開いた[検索条件]ダイアログで「すべての図形」を選択し、[OK]をクリックします。

05 ワークシートの[A1]セルに「=N」、[B1]セルに「=L」、[C1]セルに「=C」を入力すると、すべての図形の名前、レイヤ、クラスが表示されます。

> **memo**
> 「=N」は「名前」、「=L」は「レイヤ」、「=C」は「クラス」を意味しています。その他、「=T」で「図形タイプ」、「=AREA」で「2D図形の面積」、「=VOLUME」で「3D図形の体積」の表示などが可能です。

Technique No. ▶30

面積表を作成する

図形の大きさや周長、面積はデータパレットで確認できます。これらの数値をワークシートに書き出せば、面積表が作成できます。ここで紹介する方法で面積表を作成する際には、各図形に名前を付ける（P061）必要があります。

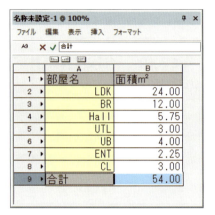

01 ここでは図のような部屋割りで各部屋の面積を集計した面積表を作成します。部屋ごとの図形を選択してデータパレットの［名前］に名称（ここでは「LDK」）を入力します。同様にしてすべての部屋図形に名前を入力します。

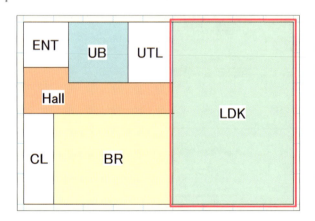

02

リソースマネージャを開き、[新規リソース] ボタンをクリックします。開いた [リソースの作成] ダイアログから [ワークシート] を選択して [作成] ボタンをクリックします。[ワークシートを作成] ダイアログが開いたら、デフォルトのまま、[OK] をクリックします。

memo
列数や行数は最後に調整したほうが効率的です。

03

新規のワークシートが開きます。A1 セルに図形の名前 (ここでは「LDK」)、B1 セルに「=AREA(N=A1)」と入力して Enter キーを押すと、「LDK」の面積 (ここでは「24」) が表示されます。同様にして、すべての部屋の名前と関数を入力します。

memo
B1 セルの「=AREA(N=A1)」の「=AREA( )」は面積を呼び出す関数で、( ) 内の「N=A1」は A1 セルに書かれた名前の図形を指しています。

04

表の体裁を整えれば、面積表の完成です。

memo
上位版では [空間計画] ツールセットの [スペースツール] を使用すると、より簡単にワークシートに集計、面積表を作成することができます。

Technique No. ▶ 31

文字が転んでしまったら

文字を入力すると、文字が転がった向きになることがあります。この症状は、[文字]メニューの[フォント]で選んだフォント名の頭に「@」が付いている場合に生じますが、その理由は「@」が付くフォントが縦書き用だからです。フォントの設定をうっかりしていて入力中に文字が転んだ場合は、データパレットで正しい向きに直すのが効率的です。

01 [文字ツール]を選択し、フォントの向きは気にせず、文字を入力します。

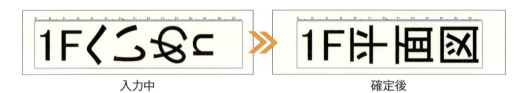

入力中　　　　確定後

02 入力した文字を選択し、データパレットの[フォント]で「@」が頭につかないフォント名に変更すれば、文字の向きは直ります。

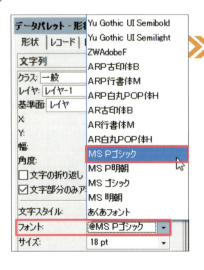

memo

あらかじめ [セレクションツール] の状態で@が頭につかないフォントを選んでおくと、設定を変更しないかぎりは、そのフォントが使われます。起動時に、[文字] メニューの [フォント] で、通常使うフォントに設定されているかどうか確認することを勧めます。

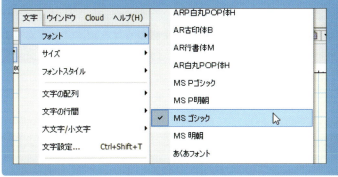

column

フォントのインストールに気をつけよう！

フォントはフォント名のアルファベットやアイウエオ順に表示されます。コンピュータ内部では「@」という文字はアルファベットより前にあるので、一覧の最初の方に出てしまいます。@付きフォントはなくても困りませんが、横書きフォントとセットでインストールされるので、横書きフォントをアンインストールしないかぎり一覧から消せません。@付きフォントがたくさん表示されるのは邪魔なので、フォントを「使うかどうかわからないが、とりあえずインストールしてみる」というのは、Vectorworks を使う上ではやめておいたほうが無難です。

とくに年賀状ソフトにはフォントがたくさん入っていて、意識しないまま膨大な数のフォントをインストールしている場合があります。年賀状ソフトを使っている人はあらためてフォントを見直して、不要なものをアンインストールしておきましょう。

Technique No. ▶ 32

図形ではなく、用紙を移動する

作図範囲が広がったとき、印刷すると図を描いた位置の都合で用紙からはみ出すことがあります。用紙内に図を収めるため、図形全体を選択して移動すると、操作ミスで図が崩れるおそれがあるため、図形ではなく用紙のほうを移動しましょう。

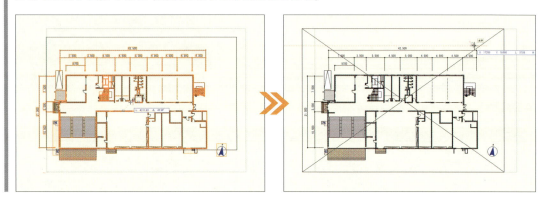

01 ［パンツール］を長押しして、［用紙移動］ツールに切り替えます。

02 作図ウィンドウ内でドラッグすると、用紙枠が移動します。図がすべて収まる位置でクリックして移動を確定します。

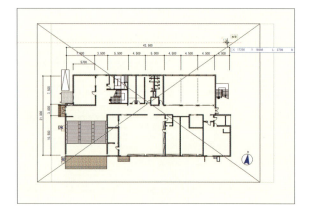

> **memo**
> 例としてデザインレイヤを使いましたが、シートレイヤでも同じ操作が可能です。

chapter 2

マウス・キー操作で効率化

Technique No. ▶ 33

覚えておきたいショートカット
－OS標準と共通のショートカット－

ショートカットを使えば、操作を大幅に効率アップできます。ここでは、OS（Windows / Mac）や多くのソフトに共通するVectorworksのショートカットを紹介します。ショートカットで使われるアルファベットは、その働きを示す英単語の頭文字の場合が多いですが、例外もたくさんあります。たとえば、「閉じる」の W は「終了」の Q の隣、「ペースト（貼り付け）」の V は、「カット」の X 、「コピー」の C と並ぶなど、関連した働きのキーと隣り合うことが理由の場合もあります。

OS標準と共通のショートカット

操作	Windows	Mac	覚え方
新規	Ctrl + N	Cmd + N	New（ニュー）
開く	Ctrl + O	Cmd + O	Open（オープン）
閉じる	Ctrl + W	Cmd + W	Quit（やめる）の隣のキー
保存	Ctrl + S	Cmd + S	Save（セーブ）
プリント（印刷）	Ctrl + P	Cmd + P	Print（プリント）
終了	Alt + F4 または Ctrl + Q	Cmd + Q	Quit（やめる）
すべて選択	Ctrl + A	Cmd + A	All（すべて）
取り消し	Ctrl + Z	Cmd + Z	ジグザグと来た道をもどるイメージ
カット	Ctrl + X	Cmd + X	ハサミの形
コピー	Ctrl + C	Cmd + C	Copy
ペースト	Ctrl + V	Cmd + V	X,C の隣にあるキー

memo
Ctrl キーは必ず左小指で押します。プリント（印刷）の Ctrl + P 以外は、左手だけで操作できるようになってください。

memo
巻末にショートカット一覧を掲載しています。

Technique No. ▶ 34

覚えておきたいショートカット
－Vectorworks独自のショートカット－

ここでは覚えておきたいVectorworks独自のショートカットと一文字ショートカットの紹介をします。たくさんあるショートカットのなかで、次のようなものを覚えるとよいでしょう。
- 頻繁に使うもの（とくに作図ツールや基本的な編集ツール）
- メニューやツールパレットの深い階層にある機能で、よく使うもの
- 英単語の頭文字や字形からイメージでき、直感的に覚えやすいもの

Vectorworks独自のショートカット

操作	Windows	Mac
整列	Ctrl + @	Cmd + @
終了＜編集モード＞	Ctrl +]	Cmd +]
最後へ	Ctrl + B	Cmd + B
複製	Ctrl + D	Cmd + D
配列複製	Ctrl + Shift + Alt + D	Cmd + Shift + Option + D
柱状体	Ctrl + E	Cmd + E
アイドロッパ	Shift + E	Shift + E
最前へ	Ctrl + F	Cmd + F
グループ	Ctrl + G	Cmd + G
水平反転	Ctrl + Shift + H	Cmd + Shift + H
線分結合	Ctrl + J	Cmd + J
壁結合	Alt + J	Option + J
グループに変換	Ctrl + K	Cmd + K
左90°回転	Ctrl + L	Cmd + L
モデルを移動	Ctrl + Alt + M	Cmd + Option + M
移動	Ctrl + M	Cmd + M
ポイント間複製	Shift + M	Shift + M
オーガナイザ	Ctrl + Shift + O	Cmd + Shift + O
グループ解除	Ctrl + U	Cmd + U
ペースト（同位置）	Ctrl + Alt + V	Cmd + Option + V
垂直反転	Ctrl + Shift + V	Cmd + Shift + V

> **memo**
> ショートカットで使うアルファベットは、機能を示す英単語の頭文字になっている場合が多いので、そのまま英単語と一緒に覚えたり、あるいは同様の意味の語呂合わせを使うと覚えやすいです。たとえば、複製の D は正しくは「Duplicate の D」ですが、「ダブらせるの D」とするなど、覚えやすい方法を工夫してみましょう。

一文字ショートカット（アルファベット、数字キーを 1 つ押すだけ）

操作	Windows	Mac
文字	1	1
直線	2	2
四角形	4	4
円	6	6
多角形	8	8
壁	9	9
ミラー反転	;	^
セレクション	X	X

> **memo**
> 一文字ショートカットは全角モードでは使えません。CAD のコマンド類は半角入力が原則のため、日本語（かな漢字など）を入力するとき以外は、半角モードにする習慣を身につけましょう。

> **column**
> ### 無理して覚えなくてよいショートカット
> 次のようなショートカットは、無理して覚える必要はありません。
> - それほど頻繁に使わないもの
> - 他のソフトに共通するショートカットと意味が異なるもの
>   → たとえば、Ctrl + Shift + S は「名前を付けて保存」が他のソフトでは一般的だが、Vectorworks 2017 では「レンダリング - スケッチ」
> - 1 行マクロ（P170）として簡単に作れるもの
> - ショートカットのアルファベットと操作イメージがつながりにくいもの
>   → たとえば、Shift + D による「窓」、Shift + R による「プッシュ/プル」など
> - 他のショートカットの繰り返しでできるもの
>   → たとえば、Ctrl + Shift + R による回転は、Ctrl + L を 3 回押すことと同じ
> - ダブルクリックしたほうが早いもの
>   → たとえば、Ctrl + [でシンボル等の編集に入る操作など

Technique No. ▶ 35

クラス・レイヤ切り替えのショートカット

クラスやレイヤの切り替えをプルダウンメニューや［ナビゲーション］パレット（上位版のみ）で行う人が多いようですが、これらもショートカットを使ったほうが、一連の操作がシームレスにできます。クラスとレイヤの切り替えは、 Ctrl ＋矢印キーで行います。

01 Ctrl ＋ ← または → キーを押すと、クラスが切り替わります。

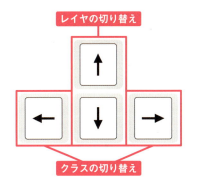

02 Ctrl ＋ ↑ または ↓ キーを押すとレイヤが切り替わります。

memo

クラスの切り替えは、「隣のクラスに遊びに行くので、横に動きます」、レイヤの切り替えは、「他の階に遊びに行くので、上下に動きます」と覚えましょう。

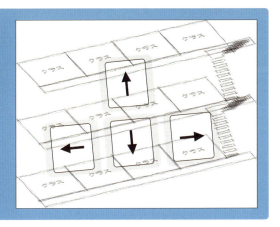

Technique No. ▶36

パンツールを使わずに画面移動

画面移動操作は基本パレットの［パンツール］でできますが、頻繁に使うのでキー操作がおすすめです。Hキーを押すと［パンツール］に切り替えられますが、Spaceキーとマウスドラッグでもパン操作ができます。Spaceキーを使う方法ならどのツールが選択されていても、また、入力モードが全角（日本語入力）になっていてもパン操作が可能です。

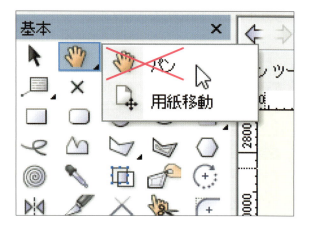

01 作図画面にマウスポインタがある状態でSpaceキーを押すと、マウスポインタが［パンツール］のアイコン（手のひらの形）に変化します。

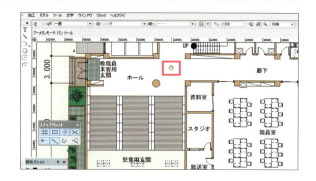

02 Spaceキーを押したままドラッグすると、画面が移動します。Spaceキーを放すと画面移動が終了し、それまで実行していたツールに戻ります。

Technique No. ▶ 37

一時的に拡大する（スナップルーペ）

図面作成の際、全体の様子を把握しながら細部の作業を行いたい状況が頻繁に発生します。たとえば、ラーメン構造のような等間隔に配置した柱の一部を拡大すると、作業をしている位置がわからなくなる場合などです。このようなときに［ズームツール］で部分拡大と全体表示を繰り返すのは面倒です。こうした問題は Z キーによる一時拡大（スナップルーペ）を使うことで避けられます。

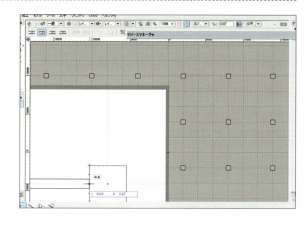

01 コマンド実行中（ここでは［壁］コマンド）に拡大したい図形（ここでは柱）にマウスポインタを近づけ、Z キーを押します。

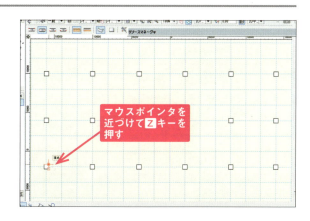

02 マウスポインタの周辺が拡大表示されます。クリックすると、拡大表示が解除され、元の画面表示に戻ります。

memo
この機能を「スナップルーペ」と呼びます。このキー操作は半角入力で有効です。全角（日本語）入力になっている場合は半角入力にしてから操作してください。

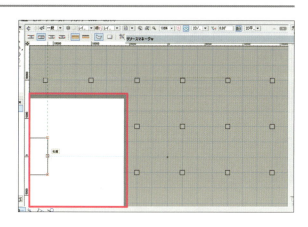

Technique No. ▶ 38

困ったときの ESC キー

キーボードの右上にある ESC キーは、「エスケープ」の意味のとおり「(いま行っている操作から) 逃げ出す=中断する」ために用いるキーです。Vectorworksでは、図形の選択解除や、現在行っている操作の中断が可能です。

操作の中断

現在行っている操作を中断したいとき、ESC キーを1回押します。ツールはキャンセルされないので、そのまま同じ操作を続けられます。操作が終了したあとに押すと、図形の選択を解除します。

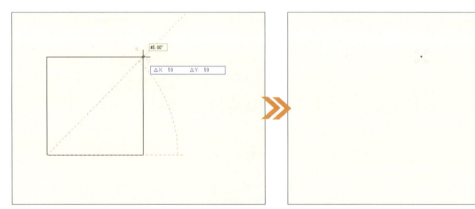

クリックして図形を確定させる前に ESC キーを押す

操作がすべてキャンセルされる

> **memo**
> 多角形、曲線のようにクリックを繰り返しながら描くような図形の場合は、それまでに描いたものが一気に消えるので、注意してください。クリックを1回取り消したい場合は、 Backspace キーを押します (P082)。

選択解除

図形の選択を解除したいとき、 ESC キーを1回押します。複数の図形が選択されているときは、すべて選択解除されます。これは、何もない場所でクリックする「空クリック」と同じです。

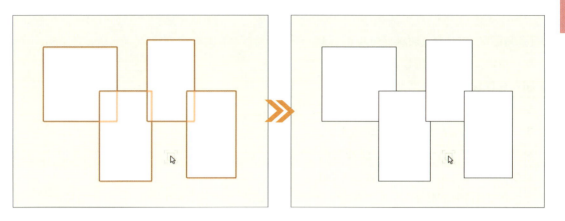

文字編集の終了

文字編集モード（文字の入力や編集操作）を終了したいとき、 ESC キーを1回押します。 ESC キーを押した後は、文字が選択された状態になっています。選択解除する場合は、もう1度 ESC キーを押します。

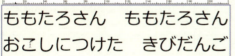

column

グループから出る

ESC キーを2回押せばグループから出られるように設定できます。設定はツールバー右端の▶から［データバーとグループ編集オプション］を選択し、ボタンを表示します。ボタン右の▼をクリックして、ドロップダウンメニューの［〈Esc〉〈Esc〉でグループから出る］を指定します。デフォルトでは［〈Esc〉〈Esc〉でグループから出ない］になっています。

Technique No. ▶ 39

連続指示のしくじりは Backspace キーで戻す

［多角形ツール］や［曲線ツール］、［壁ツール］などで、連続してクリックする図形を作成中に、まちがった場所をクリックしてしまうことが頻繁に起こります。このようなときは Backspace キーを押すことで1ステップ前に戻れます。前項で紹介した ESC キーを押してしまうと作図自体が解除されてしまうので注意しましょう。

01 ［多角形ツール］の操作を例に説明します。誤ってちがう場所をクリックしたあと、 Backspace キーを押します。

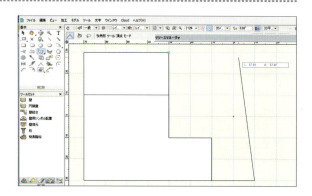

クリックしたあとに Backspace キーを押す

02 最後にクリックした場所がキャンセルされ、一つ手前のところから作図できるようになります。

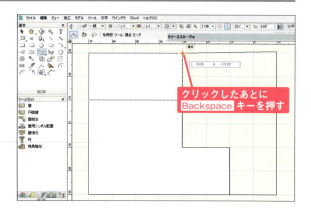

memo
さらに前に戻るには、その分だけ Backspace キーを押します。

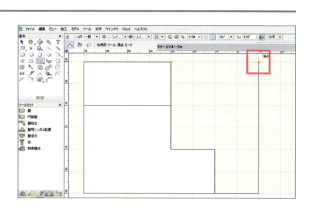

Technique No. ▶ 40

スナップの設定画面を すばやく呼び出す

グリッドスナップや図形スナップなどの設定をする［スマートカーソル設定］ダイアログは［ツール］メニューの［スマートカーソル設定］で呼び出せますが、いちいちメニューを開くのは面倒です。スナップパレットの各アイコンをダブルクリックすると、［スマートカーソル設定］ダイアログが開けます。

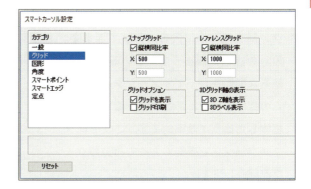

01　スナップパレットの任意のアイコン（ここでは［グリッドスナップ］）をダブルクリックします。

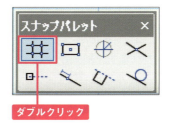

02　［スマートカーソル設定］ダイアログのグリッド設定画面が開きます。

memo

ダブルクリックするアイコンごとに、そのスナップに応じた設定画面が開きます。たとえば、［図形スナップ］のアイコンをダブルクリックすると、［スマートカーソル設定］ダイアログの［カテゴリ］で［図形］が自動的に選択され、スナップ位置を選択する画面が開きます。

Technique No. ▶ 41

ダブルクリックで編集できる図形

いくつかの図形のタイプはダブルクリックで編集モードに入ることができます。設計の詳細が決まっていない段階では、簡素な図形を使ってイメージやボリュームの確認を行い、あとから正確な図形に編集したほうが効率的です。ここではダブルクリックで編集できる主な図形タイプを紹介します。

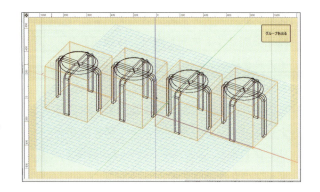

シンボル

ハイブリッドシンボルの場合は、2D か 3D かを選択する画面が表示されます。編集が終わったら画面右上の［シンボルを出る］ボタンをクリックして編集を終了します。

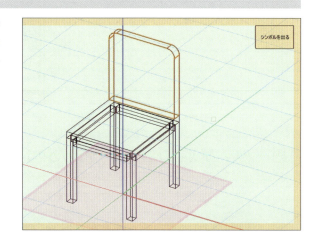

グループ

グループを構成する各図形もグループ化されている（入れ子状態）ときは、さらにその図形をダブルクリックして個別編集できます。編集が終わったら画面右上の［グループを出る］ボタンをクリックして編集を終了します。入れ子になっている図形を編集した場合は、その入れ子の階層分だけ［グループを出る］ボタンをクリックします。

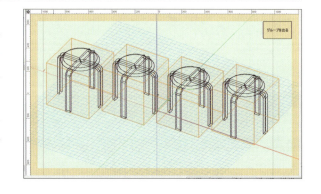

回転体

ダブルクリックで編集モードに入ると回転体の元となる断面図形を編集できます。また2D基準点を使うと回転体の半径を変えられます。編集が終わったら、画面右上の[回転体断面の編集を出る]ボタンをクリックして編集を終了します。

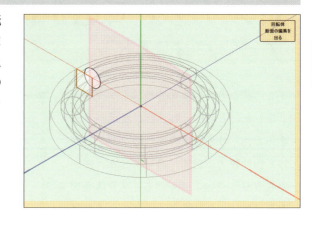

ブーリアン演算図形

ブーリアン演算する前の図形が表示され、元図形どちらも編集できます。編集が終わったら、画面右上の[……を出る]ボタン（……はブーリアン演算方式によって異なる）をクリックして編集を終了します。

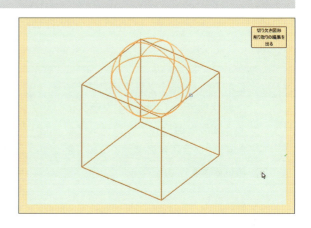

> **memo**
>
> その他、ダブルクリックで編集できる図形は、柱状体（多段柱状体）、3Dパス図形、屋根図形、錐状体、メッシュ、床図形、柱図形（ツールセットの[柱ツール]で作成したものを除く）などがあります。

---

column

編集モードに他の図形も表示させる

ツールバー右端の▶をクリックし、メニューの[編集モード時に他の図形を表示]を選択してチェックを入れると、ツールバーに[編集モード時に他の図形を表示]ボタンが表れます。このボタンで他の図形の表示／非表示を切り替えられます。[環境設定]ダイアログの[画面]タブにある[編集モード時に他の図形を表示]でも設定できます。

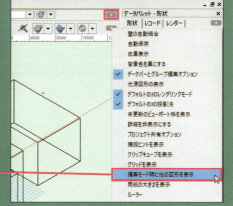

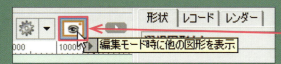

Technique No. ▶42

右クリックで選択図形のクラスをアクティブに

すでに描かれた図形のクラスをアクティブにしたいときは、わざわざ表示バーやオーガナイザからその図形のクラスを探して切り替える必要はありません。図形の右クリックメニューから［クラスをアクティブに］を選択するだけで、その図形のクラスがアクティブクラスになります。レイヤでも同様に操作できます。

01 ここでは「一般」クラスがアクティブの状態で、「Class 1」クラスにある図形を選択して右クリックします。［クラスをアクティブに］を選択します。

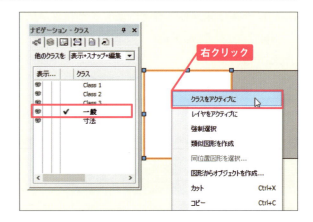

02 アクティブクラスが「Class 1」に変わりました。

> **memo**
> ここではわかりやすく示すため、［ナビゲーション］パレットを表示させています。Fundamentals には［ナビゲーション］パレットがないので、表示バーの［アクティブクラス］などで確認してください。

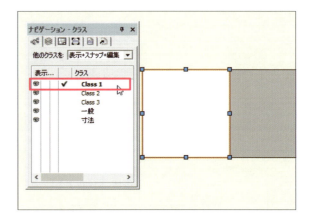

Technique No. ▶43

既存図形の属性をすばやく取得する

すでに描かれた図形と同じクラスやレイヤ、属性を使いたいときは、その図形を Ctrl + Alt キーを押しながらクリックするだけで属性が取得できます。その後に描く図形は取得した属性になります。

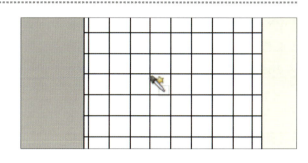

01 図形を選択して Ctrl + Alt キーを押します。マウスポインタがスポイトの形になったら、その図形をクリックします。

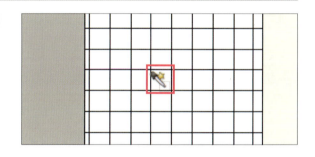

02 作図ツールで図形を作成すると、取得した属性になります。[文字ツール] で書いた文字も背景（面）に属性が反映されています。

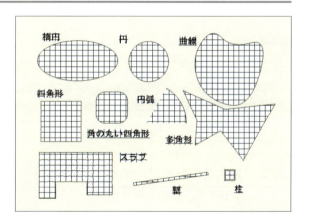

memo

上位版では右クリックメニューにある [類似図形を作成] を選ぶと、同じように属性を取得できます。取得できるのは、グラフィック属性、クラス、レイヤ（環境設定で設定してある場合のみ）のようなオブジェクト共通の属性と、壁スタイル、斜め四角形など回転モード、プラグインオブジェクトのパラメータなど、オブジェクトごとに設定される属性です。

Technique No. ▶44

属性のコピー&ペーストを一瞬で切り替える

［アイドロッパツール］は属性を気にせずに図形を作っていき、あとから他の図形の属性をコピー&ペーストできる便利なツールです。属性のコピーとペーストは、ツールバーの［属性のコピーモード］と［属性のペーストモード］をクリックで切り替えながら行うのが一般的ですが、［アイドロッパツール］使用中に Ctrl キーを押すと、瞬時にコピーとペーストのモードを切り替えられます。

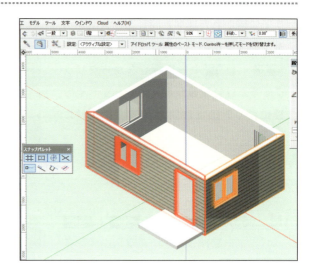

01 ［アイドロッパツール］をクリックして選択し、ツールバーが［属性のコピーモード］になっていることを確認します。

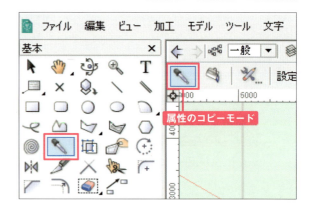

memo

Shift + E キーを押しても、［アイドロッパツール］を選択できます。

02 属性をコピーしたい図形をクリックします。これで属性がコピーされます。

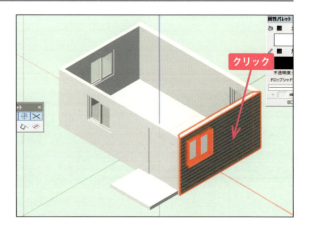

> **memo**
> コピーする属性は、ツールバーの［アイドロッパツール設定］ボタンをクリックして開く［属性の選択］ダイアログで設定できます。

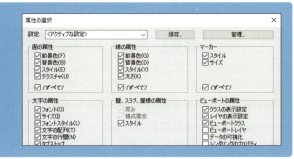

03 Ctrl キーを押すと、［属性のペーストモード］に切り替わります。

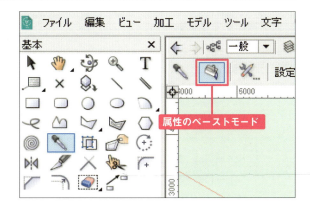

04 Ctrl キーを押したまま、コピーした属性を適用したい図形をクリックします。属性がペーストされたら、Ctrl キーを放します。
Ctrl キーを放すとツールバーが［属性のコピーモード］に戻ります。

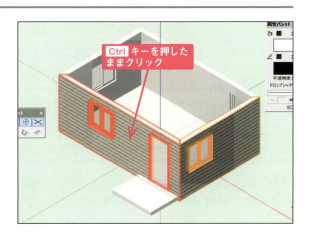

Technique No. ▶ 45

キー操作だけで柱を配置する

在来軸組構法の柱や間柱は、グリッドモジュールに沿って複製配置するケースが多いです。このような場合、複製のショートカットキーとグリッドナッジ移動を行えば、ほぼキーボードのみで柱の配置操作ができます。

01 ［ツール］メニューの［オプション］－［環境設定］を選択し、［環境設定］ダイアログを開きます。［描画］タブで［ずれを伴う複製］のチェックを外し、［OK］をクリックします。

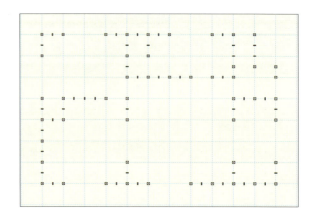

02 スナップパレットの［グリッドスナップ］をダブルクリックします。

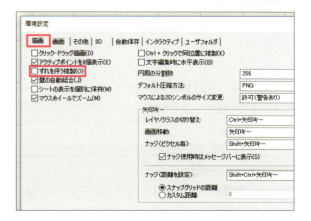

03 [スマートカーソル設定] ダイアログが開きます。ここでは、455mm グリッド上に柱と間柱が配置されることを想定し、[スナップグリッド] の [X] に「455」、[レファレンスグリッド] の [X] に「910」を入力して、[OK] をクリックします。

> **memo**
> [縦横同比率] にチェックが入っていれば、[X] で指定した値が自動的に [Y] にも入力されます。

04 グリッド交点を中心とした柱図形を一つ作成します。[セレクションツール] で柱図形を選択し、Ctrl + D キーを押して同位置複製します。そのまま、Ctrl + Shift + 矢印キーを押して455㎜ずつグリッドナッジ移動し、目的の位置に柱を配置します。この作業を繰り返せば、すべての柱の配置が完了です。

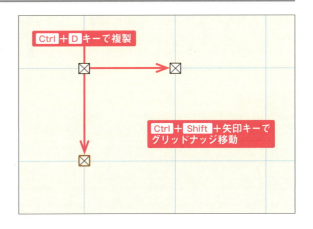

> **memo**
> 間柱の図形も同様に複製配置できます。間柱は正方形ではないので、場所に応じて、縦横の向きを Ctrl + L キーを押して回転させ、配置してください。

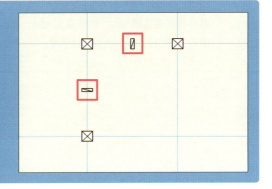

Technique No. ▶ 46

Alt＋ダブルクリックで登録画面を編集

[登録画面] パレットでは、登録画面の名前を Alt キーを押しながらダブルクリックするだけで、登録した内容を変更できます。

01 [登録画面] パレットで内容を変更したい登録画面の名前を Alt キーを押しながらダブルクリックします。

memo

[登録画面] パレットは [ウインドウ] メニューの [スクリプトパレット] － [登録画面] を選択して開けます。画面登録をしていなければ表示できません。

02 [登録画面を編集] ダイアログが開きます。名前や表示状態などを変更して [OK] をクリックします。

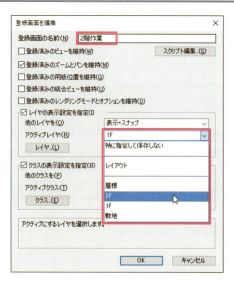

chapter 3

3D・プレゼンを
もっと簡単に見映えよく

Technique No. ▶47

柱状体の高さが「奥行き」の謎

柱状体を作るとき、「高さ」だと思えるはずの入力箇所が［奥行き］になっています。これはかつて、Vectorworksの基準面がスクリーンプレーン（眼の前にあるモニタの面が基準）に相当するものしかなかったので、柱状体の元になる2D図形が描かれた平面からの距離は画面から垂直方向への出入り、つまり「奥行き」でした。その後、水平なレイヤプレーンが既定の基準面となっても、2D図形が描かれた平面からの距離＝「奥行き」という表現が残っているのです。

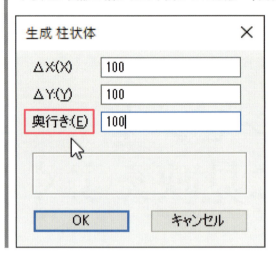
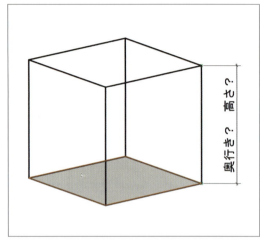

01 具体的に見ていきます。2D平面表示にし、［アクティブな基準面］を［レイヤプレーン］にして四角形を、［スクリーンプレーン］にして円を描くと、3D表示（ここでは「斜め左」）で図のようになります。

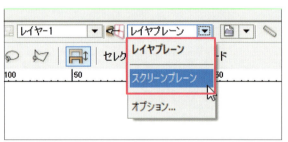
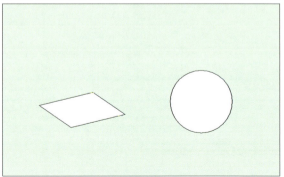

02 | それぞれの図形を柱状体にすると（ Ctrl + E キー）、四角形は水平面から立ち上がっていますが、丸の形には変化はなく、柱状体の性質として面の塗り色がなくなっただけです。

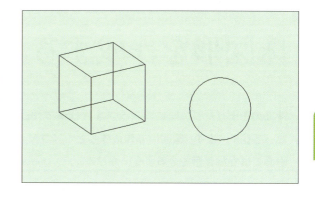

03 | 視点を切り替えて側面から見ると、水平面に対して斜めの円柱になっています。これが「奥行き」の意味であり、レイヤプレーンとスクリーンプレーンの相違です。

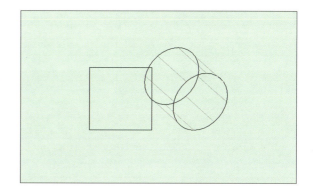

> **memo**
> 水平面を基準とする建築設計においては、スクリーンプレーンの出番は少ないですが、立面や断面に特殊な形状を描くときに役立ちます。

Technique No. ▶48

床図形を作成する

建築のモデリングの際に床スラブを柱状体で作成すると、2D画面ではワイヤーフレーム表現になってしまいます。床図形で作成するとハイブリッド図形になるので、2D画面で面表示され、3D画面では立体表示できるようになります。

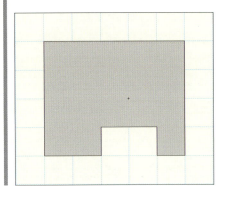
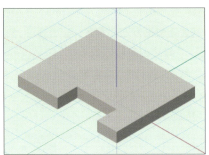

01 ［四角形］ツールや［多角形］ツールなどで床の2D図形を描き、描いた図形を選択して、［モデル］メニューの［建築］－［床］を選択します。

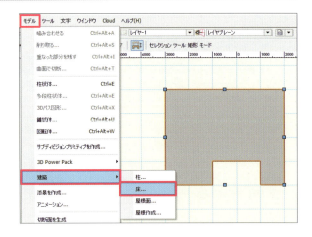

> **memo**
> 上位版では［建築・土木］メニューの［床］を選択します。

02 ［床の設定］ダイアログが開きます。ここでは［高さ］に「500」、［厚み］に「200」を入力して、［OK］をクリックします。

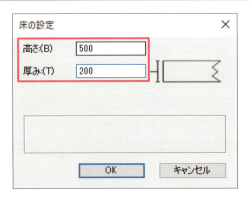

03

3D表示すると作業平面から高さ500mmを底面位置にした厚み200mmの床図形を確認できます。データパレットの図形タイプは「床」となり、高さや厚みはデータパレットからも変更できます。

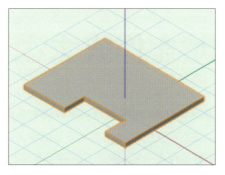

---

column

床図形の編集

床図形をダブルクリックすると、床の編集ができます。[床を出る]ボタンをクリックして編集を終了します。編集画面で床図形に別の図形を重ねて描くと、重なった部分は開口部になります。

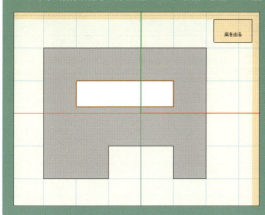
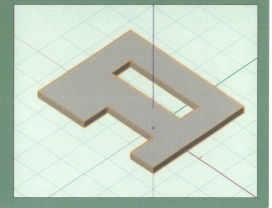

Technique No. ▶ 49

柱図形を作成する

建築のモデリングの際に柱を柱状体で作成すると、2D画面ではワイヤーフレーム表現になってしまいます。また、[柱ツール]を使うとパラメータが複雑で、断面形状も四角形と円しか選択できません。柱を作成するときは、[モデル]メニューの[建築]－[柱]を使うと、ハイブリッド図形にでき、四角形だけでなく、L字型やT字型などの断面でも柱を作成できます。

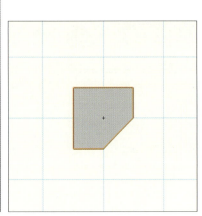

01 柱の2D図形を描きます。描いた図形を選択して、[モデル]メニューの[建築]－[柱]を選択します。

memo
上位版では[建築・土木]メニューの[柱]を選択します。

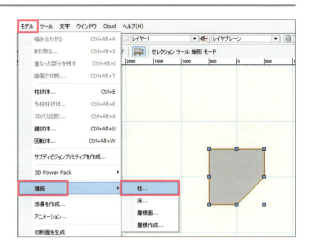

02 [柱の設定]ダイアログが開きます。ここでは[高さ]に「4000」を入力して、[OK]をクリックします。

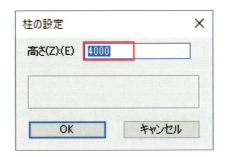

03 3D表示すると作業平面から高さ（長さ）4000mmの柱モデルが作成されます。データパレットで柱の高さ（長さ）や、作業平面から柱底面までの距離となる[高さZ]を設定することもできます。

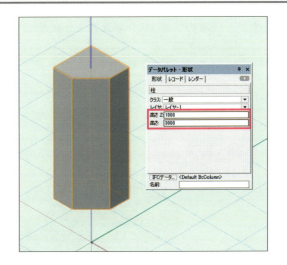

> **memo**
> 柱図形が矩形（四角形）の場合は、2D平面表示で柱に向けて壁を描くと、自動で柱と壁を結合（包絡）することができます。

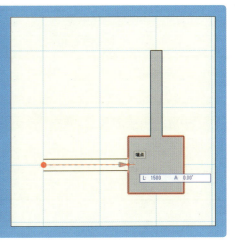

Technique No. ▶ 50

3Dのブーリアン

Vectorworksでは2Dと3Dでそれぞれブーリアン演算のコマンドが用意されています。2Dのブーリアン演算は理解できても、3Dになると理解できなくなる人がいます。2Dコマンドの「切り欠き、抜き取り、貼り合わせ」と、3Dコマンドの「噛み合わせる、削り取る、重なった部分を残す」は、それぞれ同じブーリアン演算の「和、差、積」に相当します。ここでは2Dと3Dを対比しながら、3Dのブーリアン演算方法をおさらいします。

ブーリアン演算	和	差	積
2D	貼り合わせ	切り欠き	抜き取り
Ctrl + Shift + Alt +	A	C	I
3D	噛み合わせる	削り取る	重なった部分を残す
Ctrl + Alt +	A	S	I

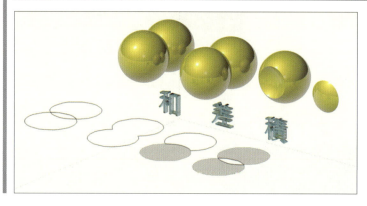

いずれの場合も、図形同士が重なり合っていることが前提です。ここでは下図のような図形を例として説明します。

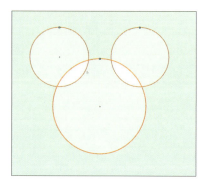 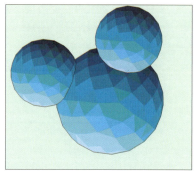

和（2D =［貼り合わせ］コマンド、3D =［噛み合わせる］コマンド）

複数の図形を合成するコマンドです。2Dでは線がつながって合成の状態がわかりやすいですが、3Dは見た目の変化がほとんどありません。合成されていればデータパレットに「合成」と表示されます。

【2D】

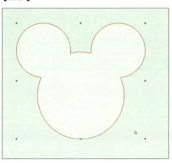

【3D】

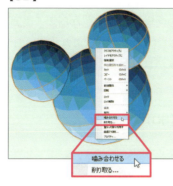

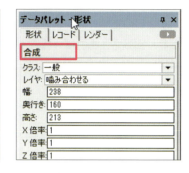

差（2D =［切り欠き］コマンド、3D =［削り取る］コマンド）

ある図形から別の図形を使って、その重なり部分をカットする（=引く）コマンドです。2Dでは最背面（最も下にある）の図形が、上に重なっている図形によって切り取られます。操作の直後には、切り欠きに使った図形が選択された状態になっているので、不要であれば Delete キーを押して消去しましょう。

3Dではコマンド実行後、［図形を選択］ダイアログが開き、矢印ボタンをクリックすると削り取られる図形が強調（赤色）表示されます。このボタンで図形を選択できるところが2Dとは違います。実行後の図形は、データパレットで「切り欠き」と表示されます。

【2D】

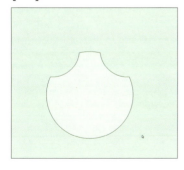

【3D】

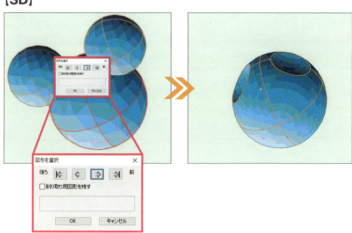

> **memo**
> ［図形を選択］ダイアログで［削り取り用図形を残す］にチェックが入っていないため、削り取りに使った図形は残りません。チェックを付ければ残ります。

積（2D =［抜き取り］コマンド、3D =［重なった部分を残す］コマンド）

複数の図形の重なり部分だけを残すコマンドです。2Dでは選択した図形がそれぞれ別の図形と重なっている部分が残されます。操作直後は「差」と同じく元図形が残るので、不要であれば消去しましょう。

3Dでは選択した図形がすべて重なっていないと、「設定を変更してください」とエラーが出てしまいます。このため、図のように3つの図形がすべて重なるように調整しなくてはなりません。2Dでは重なり部分さえあれば、重なっていない図形を選択に含めてもコマンドが実行できるところが3Dとは違います。実行後の図形はデータパレットで「抜き取り」と表示されます。重なり部分以外の元図形は残りません。

【2D】

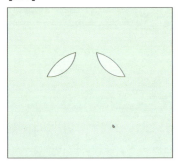

【3D】

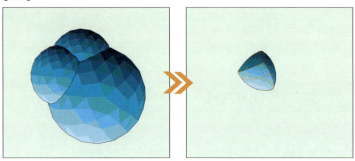

> **memo**
> 3Dの場合は、処理後のオブジェクトをダブルクリックすると、重なり合うオブジェクトひとつずつを編集できます（P085）。

Technique No. ▶ 51

3Dパス図形で手すりを描く

3Dパス図形とは、ある断面形状をパス（通り道）に沿って動かしたときにできる3D形状のことをいいます。他のCADソフトでは「スイープ（sweep）」と呼ばれている操作です。3Dパス図形は曲線状の立体図形を作成できるので、ここで紹介するような、Rの付いた横桟の手すりなども簡単に作れます。

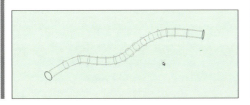
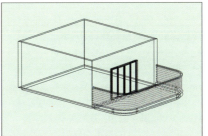

01
平面図上に手すりの中心線を描きます（図では緑の太線）。ここでは、[多角形ツール]でコの字状に描いた後、[フィレットツール]で角にRを付けています。この線がパスになります。

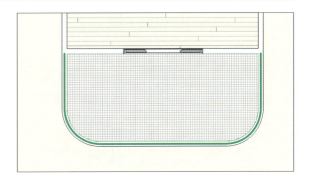

memo
パスはひとつながりの線でなければならないので、[多角形ツール]や[曲線ツール]で描いてください。

02
次に手すりの断面図を描きます。3Dパス図形は複数の断面を使っても作成できるので、ここでは最上部の横桟断面は[四角形ツール]で、その下の8個の横桟断面は[円ツール]で描きました。

chapter 3
3D・プレゼンをもっと簡単に見映えよく

103

03

中心線とすべての断面を選択して、[モデル] メニューの [3D パス図形] を選択します（または Ctrl + Alt + X キー）。[3D パス図形] ダイアログ上部の [<<(P)] や [>>(N)] ボタンをクリックし、パスとして使う図形（ここでは 01 で描いた緑の中心線）が赤く表示されたら、[OK] をクリックします。

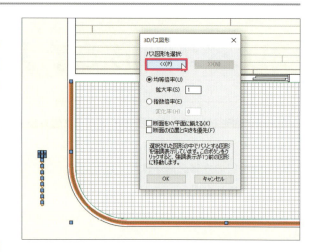

> **memo**
> 2016 以前のバージョンは [3D パス図形 (E)] を選択します。

04

斜め方向のビューに切り替えると、手すりがまとめて作成されていることが確認できます。3D パス図形は断面全体の中心が作図平面の高さと揃うように作られるので、上 (Z) 方向に移動します。正確に数値移動する場合は、立面図表示にして [加工] メニューの [移動]−[モデルを移動]（ Ctrl + Alt + M キー）を選択し、Z 方向に適切な数値を入力します。

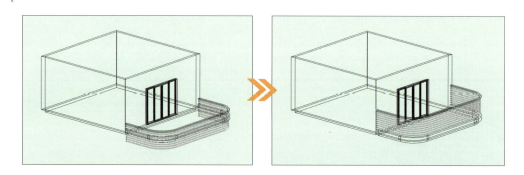

・立面図表示で上方向に移動

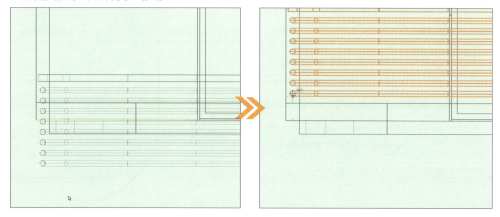

Technique No. ▶52

3D パス図形の形を変える

3D パス図形は最初からパスや断面を作り込むよりも、だいたいの形を作っておき、あとから編集したほうが効率的です。3D パス図形の編集はブーリアン演算図形と同じく、図形をダブルクリックして編集モードに入って行います。

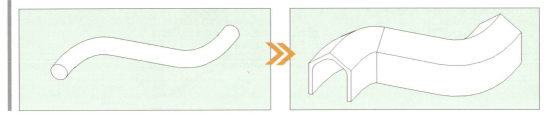

01 3D パス図形をダブルクリックして [図形を選択] ダイアログを開きます。編集する図形として [パス] または [断面] を選択し、[OK] をクリックします。

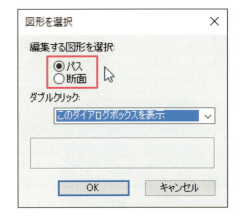

02 パス、断面それぞれの編集モードに入ります。編集が終了したら [パスを出る] または [断面を出る] ボタンをクリックして編集モードを終了します。

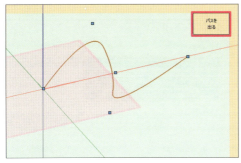
パス編集モード

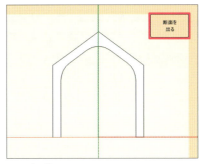
断面編集モード

Technique No. ▶ 53

モデルを断面表示する

建築の 3D モデルでモデル断面を確認したいとき、あるいはモデル内部を確認したいときには [クリップキューブ] を使って断面表示をさせると便利です。ただし、クリップキューブによる断面表示は、断面を表示するだけでカットしたモデルが作られるわけではありません。

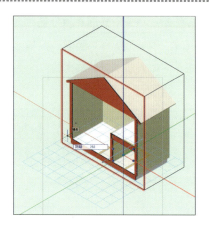

01 レイヤリンク用のレイヤ（ここでは「リンク」）を作成し、そのレイヤをアクティブレイヤにして他のレイヤを [非表示] にします。

> **memo**
> Fundamentals では [ビュー] メニューの [他のレイヤを]－[非表示]、または [オーガナイザ] ダイアログで非表示に設定します。

02 [ビュー] メニューの [レイヤリンク指定] を選択し、[レイヤリンク指定] ダイアログを開きます。切断対象のモデルのレイヤ（ここでは「レイヤ-1」〜「レイヤ-3」）を選択し、[OK] をクリックします。

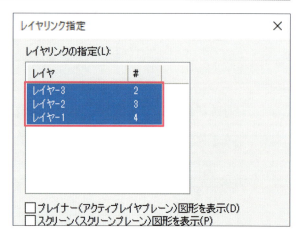

03 切断対象のモデルが表示されます。3D表示で[ビュー]メニューの[レンダリング]－[OpenGL]を選択してレンダリングします。

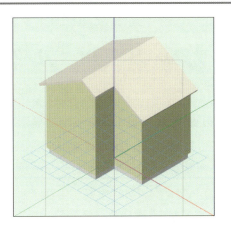

04 [ビュー]メニューの[クリップキューブ]を選択してチェックを入れると、モデルの周りにクリップキューブが表示されます。[セレクションツール]でクリップキューブの任意の面をクリックして選択し、マウス移動すると面が移動します。切断したい位置でクリックすると、その位置での断面が表示されます。

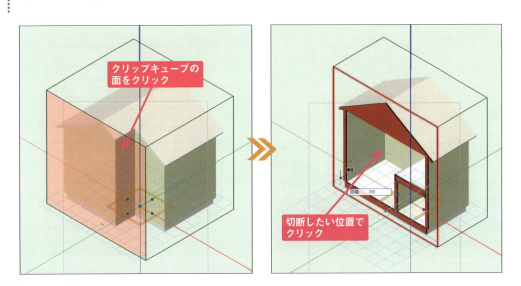

memo

クリップキューブでは複数面を移動させて断面を作ることもできます。ただし、クリップキューブを解除する([ビュー]メニューの[クリップキューブ]のチェックを外す)と切断した面の情報などは消えてしまうため、切断状態を再現したい場合は、[画面登録]をしておきます。

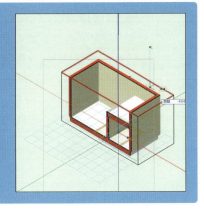

Technique No. ▶ 54

断面カットモデルを作る

3Dモデルの断面表示は［クリップキューブ］でもできますが、［モデルを切断］を使って断面カットモデルを作ると、より自由な方向からの切断が可能になり、シートレイヤ上でも断面表示ができます。

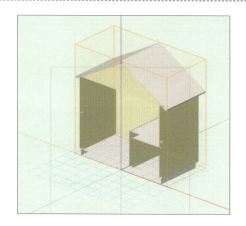

01　レイヤリンク用のレイヤ（ここでは「リンク」）を作成し、そのレイヤをアクティブレイヤにして他のレイヤを［非表示］にします。

> **memo**
> Fundamentalsでは［ビュー］メニューの［他のレイヤを］－［非表示］、または［オーガナイザ］ダイアログで非表示に設定します。

02　［ビュー］メニューの［レイヤリンク指定］を選択し、［レイヤリンク指定］ダイアログを開きます。切断対象のモデルのレイヤ（ここでは「レイヤ-1」～「レイヤ-3」）を選択し、［OK］をクリックします。

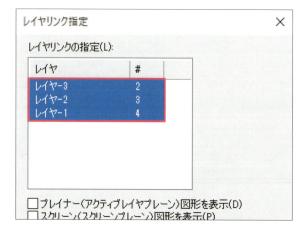

03

切断対象のモデルが表示されます。2D/平面表示にして［モデル］メニューの［モデルを切断］を選択します。

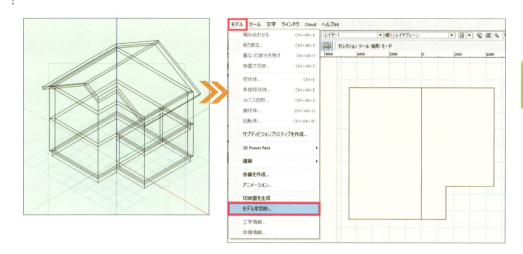

04

モデルの切断線を始点と終点をクリックして入力し、切断して残す側（ここでは上側）をクリックで指示すると、新規のレイヤが自動で追加され、そのレイヤに切断モデルが作成されます。

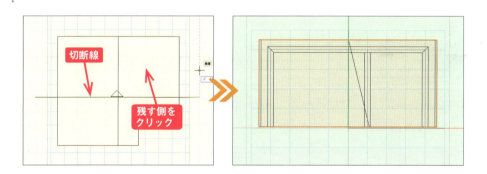

05

追加された新規レイヤのみを表示させ、3D表示で［ビュー］メニューの［レンダリング］－［OpenGL］を選択すると、断面カットモデルを確認できます。

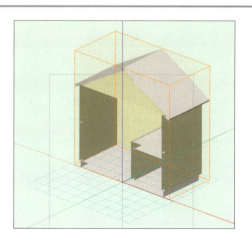

断面カットモデルの切断面図形を作る

断面カットモデルの切断面は切りっぱなしになっていて、部材間の空洞などが見えてしまっている状態です。切断面を閉じたいときは、切断面と同じ形の3D図形を作ってふたをします。この方法は、断面カットモデルを3Dプリンターで出力するような場合にも役立ちます。

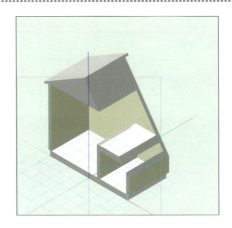

01

前項の 01〜02（P108）と同様に操作して、レイヤリンク用のレイヤに切断対象のモデルを表示させます。

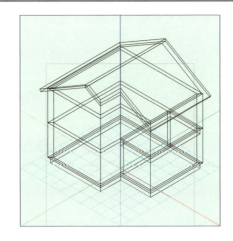

02

［モデル］メニューの［切断面を生成］を選択します。前項の［モデルを切断］の操作と同じ要領で切断したモデルと同位置に切断線を入力し、残す側をクリックすると（P109の 04）、切断面の2D図形が自動生成された新規レイヤに作成されます。

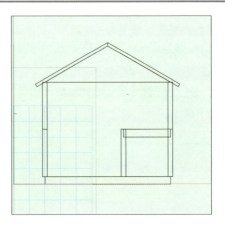

03 作成された切断面を［多角形ツール］などでトレースして、面のある断面図形を作ります。断面図形を選択して、［加工］メニューの［変換］－［3D多角形に変換］で3D図形にします。

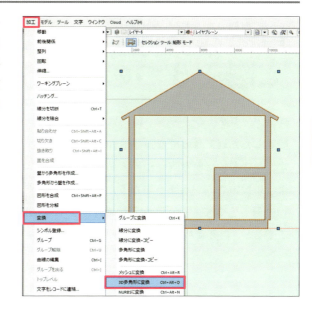

04 ［右］もしくは［左］のビューにし、Ctrl + L キーを押して3Dに変換した断面図形を回転させて起こします。［セレクションツール］で図形スナップを使いながら、断面図形をモデルの切断面に移動して、空洞部分にふたをします。

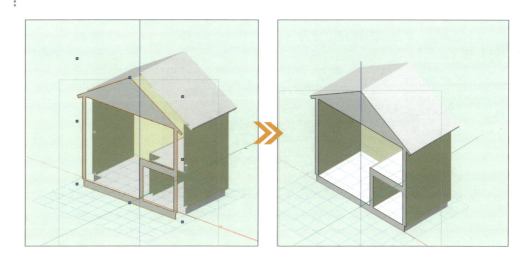

Technique No. ▶56

自然な外観パースは 太陽＋3つの平行光源で作る

外観パースのレンダリングは、太陽光を設定しただけでは暗くなる場合があります。そこで、証明写真を撮影するときのように複数方向から光が当たるように平行光源を3つ加えて、それぞれを調整してやると、自然なパースに仕上がります。

01　敷地の方位や緯度経度に合わせて太陽光を設定します（P130）。太陽光だけでレンダリングすると下図のように軒下が暗すぎたり、コントラストに違和感が生じたりします。人間の目ではこのようには見えません。

02　［ビジュアライズ］ツールセットの［光源ツール］を選択し、図のように見せたいファサードに対して3つの平行光源を配置します。

memo
［光源属性設定］ダイアログが表示された場合は、パラメータを気にせずに［OK］で閉じてください。

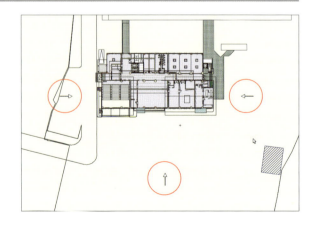

03 データパレットで［明るさ］を「50」%、［高さ］を「0°」としておきます。これらの数値は後から必要に応じて変更します。

04 立面表示（「前／後／左／右」のいずれか）にします。［セレクションツール］で建物の高さの半分くらいの位置になるように、光源をドラッグして移動します。

> **memo**
> 右の赤丸の上の矢印は太陽光です。日時設定により位置が変わります。

05 この状態でレンダリングし、［ビジュアライズ］パレットで各平行光源のオン／オフを切り替えたり、光源の強さを変えたりしながら、適切な状態を作ります。この例の場合は、光源すべて、もしくは前と右の光源がオン、［明るさ］は最初に設定した「50%」のまま、ほどよい結果が得られました。

> **memo**
> この視点方向では左側の光源の意味がほとんどないことは、日常感覚から容易に想像できると思います。計算だけに頼るのではなく、日常感覚で設定を考えると効率が上がります。光源1つがレンダリング時間に影響を及ぼす場合があるので、無駄な光源はオフにしておきましょう。

Technique No. ▶ 57

レンダーカメラで 3D 表示

3D でのカメラ配置は、[ビュー] メニューの [アングルを決める] や、[フライオーバーツール]、[ウォークスルーツール] でもできますが、[レンダーカメラツール] を使うとカメラをマウスで移動できたり、簡単に 2D 平面と 3D 画面の切り替えができるのでおすすめです。

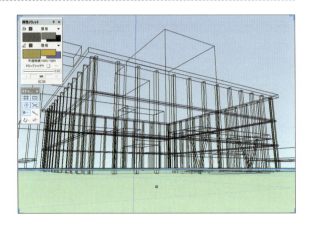

01 2D 平面表示で [ビジュアライズ] ツールセットの [レンダーカメラツール] を選択し、視点から視心まで線を引く要領で 2 点を指示します。最初にレンダーカメラを入力したときは [生成] ダイアログが表示されます。まずはデフォルトのままで [OK] をクリックすると、レンダーカメラが配置されます。

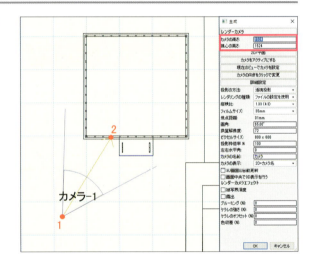

memo
[生成] ダイアログの [カメラの高さ] とは、最初にクリックした点 (図の 1) の高さ、[視心の高さ] は最後にクリックした点 (図の 2) の高さを意味します。

02 配置したレンダーカメラは他の図形と同じように選択や移動、編集ができます。視点や視心の高さなどは、データパレットで編集できます。

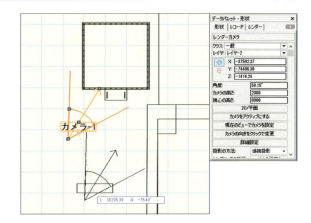

03 [セレクションツール]でレンダーカメラをダブルクリックすると、3D表示に切り替わります。データパレットの[2D/平面]ボタン（上記参照）をクリックすると2D平面表示に戻ることができます。

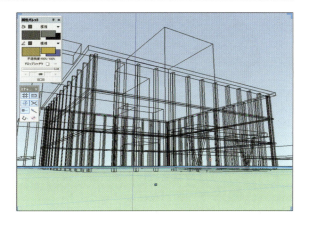

column

レンダーカメラでプレゼン

レンダーカメラは複数設定できるため、画面登録しなくても、レンダーカメラの切り替えで3D画面の切り替えができます。カメラの切り替えは、[ウインドウ]メニューの[パレット]－[ビジュアライズ]で表示した[ビジュアライズ]パレットの[カメラ]タブを使います。

Technique No. ▶ 58

植栽記号を半透明にする

Vectorworksは縮尺を扱えるドローソフト（Adobe Illustratorなど）といっても過言ではないほど、プレゼンボード作成が楽なCADソフトです。その理由は「面で図形を描く」点にあります。そして、面の［不透明度］を調整することによって表現のバリエーションを増やせます。建築ではとくに、重ねて描く植栽に使うと効果的です。

01 ここでは植栽を自作する前提で説明します。適当な植栽マークを描き、属性パレットで任意の色を付け、輪郭線の太さを調整したら、［不透明度］をクリックします。

memo

植栽マークの描き方はいろいろありますが、ここでは、円と多角形から「抜き取り」を行い、次に「ベジェスプライン」に変換して作成しています。

02 [不透明度を設定] ダイアログが表示されます。適当な不透明度を設定して [OK] をクリックします。

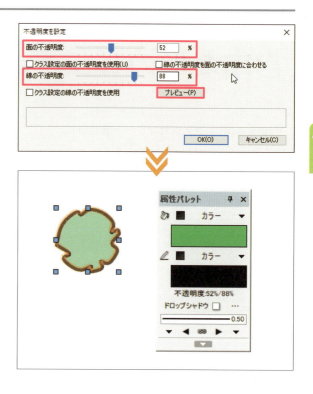

memo

2017 バージョンから面と線の不透明度が個別に設定できるようになりました。面と線でちがう不透明度を設定するときは [線の不透明度を面の不透明度に合わせる] のチェックを外します。また、[プレビュー] ボタンをクリックすると、選択した植栽マークに設定した不透明度が反映されます。

03 不透明度を設定した植栽マークをシンボル登録し、図面上に重ねて配置すると、濃淡の差が表現できます。どれか一つをダブルクリックしてシンボル編集モードに入れば、不透明度や色を再調整できます。

Technique No. ▶ 59

自由な形のビューポートを作る

Vectorworksでプレゼンシートを作るにはシートレイヤにビューポートをレイアウトするのが定石です。ビューポートは、**四角形**だけでなく**自由な形**にすることができます。

01 ビューポート枠のための新規クラスを作ります。このとき、必ずグラフィック属性を設定します（P008）。[クラスの編集] ダイアログで [属性を使う] にチェックを入れ、[面] の [スタイル] は「なし」、[線] の [色] は派手な色にして [太さ] は太めの線に設定するとわかりやすいです。

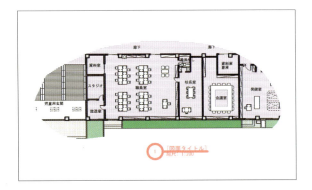

02 01で作ったクラスをアクティブにして、2D図形のツールでビューポートの形を描きます。ここでは [曲線ツール] を使いました。

03 02で描いた2D図形を選択し、[ビュー]メニューの[ビューポートを作成]を選択すると、メッセージが表示されます。[はい]をクリックします。

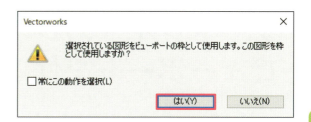

> **memo** 同様の操作を繰り返す場合は、[常にこの動作を選択]にチェックを入れます。

04 [ビューポートを作成]ダイアログが開きます。[作成するレイヤ]で既存のシートレイヤを選ぶか、[新規シートレイヤ]を選んで作成します。その他の項目(ビューポート名、縮尺など)を任意に設定してから[OK]をクリックします。

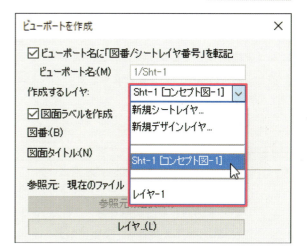

05 表示がシートレイヤに切り替わり、作成した2D図形の形でビューポートができます。

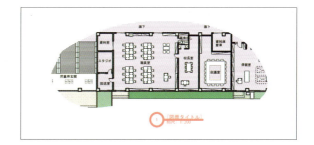

> **memo** ビューポート枠の形を変えたい場合は、ビューポートを右クリックしてメニューから[クロップの設定]を選び、枠の形を編集します。編集したら右上の[ビューポート枠の編集を出る]ボタンをクリックします。すでに描いていた枠をいったん削除して、別の形に描き替えてもかまいません。

Technique No. ▶ 60

シートレイヤのレイアウトから
ビューポートを作る

シートレイヤはビューポートの配置だけでなく、図形を描いたり、文字を入力したり、イメージファイルを取り込んだりできます。シートレイヤに直接描く図形は実寸になります。このようにいろいろな要素が入る場合は、最初にシートレイヤ上で大まかなレイアウトを決め、そのレイアウト枠からビューポートを作成すると、あとの調整作業が楽になります。

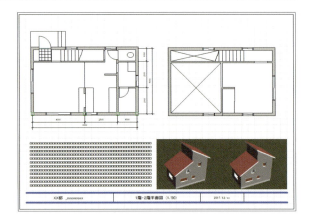

01　シートレイヤに図版や文字を配置するレイアウトを作成しておきます。[四角形ツール] などでビューポートの枠となる図形を描き、属性パレットで面属性を「なし」にします。図形を選択して Ctrl + C キーでコピーします。

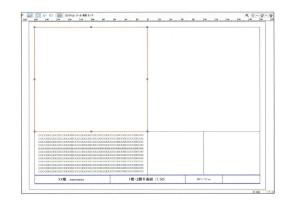

02　ビューポートに取り込む図があるデザインレイヤをアクティブにし、Ctrl + V キーでコピーした枠図形をペーストします。この枠図形はデザインレイヤの縮尺分だけ小さく表示されるため、[加工] メニューの [伸縮] を選択し、開いた [伸縮] ダイアログの [X-Y-Z 倍率] に、縮尺分の倍率（ここでは「50」）を入力して [OK] をクリックします。

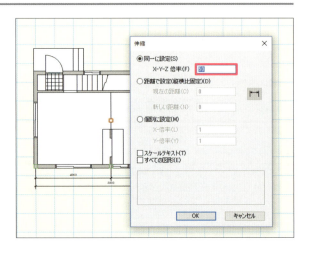

03

ビューポートに表示する図形が納まるように枠図形を配置して、[ビュー] メニューの [ビューポートを作成] を選択します。

> **memo**
>
> 「選択されている図形をビューポートの枠として使用します」の確認メッセージが表示されたら [はい] をクリックします。

04

[ビューポートを作成] ダイアログが開きます。任意の項目を設定して [OK] をクリックします。

> **memo**
>
> 上位版では [図面ラベルを作成] のチェックを外します。

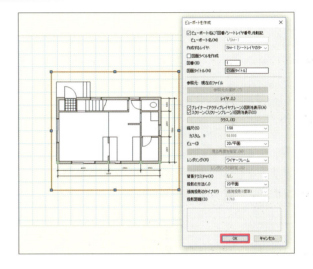

05

シートレイヤにビューポートが取り込まれます。位置などを調整します。

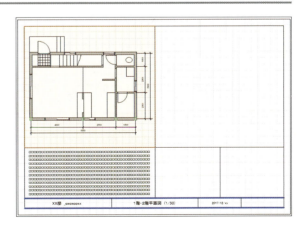

Technique No. ▶ 61

シートレイヤに図面が納まらないときの対処法

デザインレイヤの図面をビューポートでシートレイヤに配置したとき、図面が大きすぎてシートレイヤにうまく納まらないことがあります。このような場合は、ビューポートの縮尺、または用紙サイズを変更して調整します。

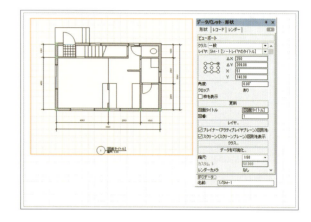

ビューポートの縮尺を変更する

データパレットの[縮尺]で縮尺を変更します。たとえば、「1:50」から「1:100」に変更するとビューポートが半分の大きさになります。

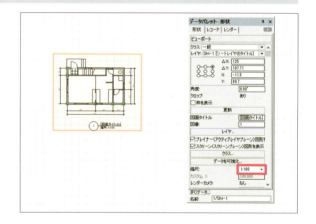

シートレイヤの用紙サイズを変更する

[オーガナイザ]ダイアログを開き、該当のシートレイヤを選択して[編集]ボタンをクリックします。開いた[シートレイヤの編集]ダイアログで[用紙設定]ボタンをクリックし、[用紙設定]ダイアログから用紙をひと回り大きなサイズに変更します。

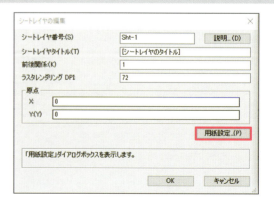

Technique No. ▶ 62

カラーレイヤでトレペ気分

[カラーレイヤ]とは、属性パレットやクラスのグラフィック属性にかかわらず、同一デザインレイヤ内の図形すべてを同じ色で表示させる機能です。この機能を使うと、トレーシングペーパーを重ねて、相互参照しながら作図するような使い方が可能です。

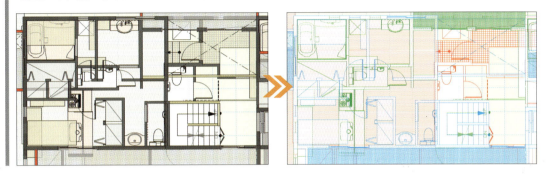

01 カラーレイヤのオン／オフは、[ファイル]メニューの[書類設定]−[ファイル設定]で開く[ファイル設定]ダイアログの[画面]タブにある[カラーレイヤ]のチェックで切り替えます。頻繁に切り替えながら作図する場合は、いちいちダイアログを表示するのは面倒なので、準備としてカラーレイヤを切り替える1行マクロを作っておくと便利です。1行マクロの作り方はP170を参照してください。カラーレイヤを切り替えるスクリプトは以下になります。

SetPref(11, NOT(GetPref(11)));

02 カラーレイヤを使うためのレイヤ設定を行います。［オーガナイザ］ダイアログの［デザインレイヤ］タブで任意のデザインレイヤをダブルクリックして、［デザインレイヤの編集］ダイアログを開きます。［不透明度］を「60～80」程度にしてから、［カラー］ボタンをクリックします。

> **memo**
> ［不透明度］を設定するのは、各階の重なり具合をわかりやすくするためです。

03 ［レイヤカラー／カラー］ダイアログが開きます。任意の色を設定して［OK］をクリックします。［デザインレイヤの編集］ダイアログの［OK］をクリックします。

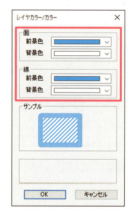

> **memo**
> ［面］と［線］の［前景色］を揃えておいたほうが、見やすくなります。

04 ［オーガナイザ］ダイアログに戻ります。［カラー］に設定した色と、［不透明度］に指定した数値が表示されます。同様にして、他のレイヤにも不透明度とカラーを設定します。見分けやすくするには、類似色の使用を避けたほうが無難です。

05 レイヤの設定が終わったら、01で作成したスクリプトパレットを開き、カラーレイヤ切り替えの1行マクロをダブルクリックすると表示が切り替わります。通常の表示と、カラーレイヤによる表示を使い分けながら作図できます。

memo

1行マクロを作成していない場合は、手順01の［ファイル設定］ダイアログの［画面］タブにある［カラーレイヤ］のチェックで切り替えます。

カラーレイヤ：オフ

カラーレイヤ：オン

Technique No. ▶ 63

文字の形を自由にアレンジする

[文字ツール]で書いたフォントの形状は自由に変えることはできません。プレゼン制作時などに文字の形状をアレンジしたい場合は、[文字を多角形に変換]で文字を図形に変換します。これにより文字の形を変形したり、3D化することができます。また、文字を多角形に変換しておくと文字化けやレイアウトの崩れを回避できます。

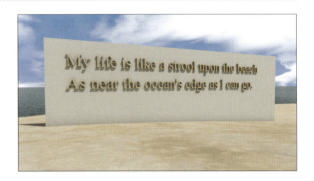

01 編集したい文字を選択し、[文字]メニューの[文字を多角形に変換]を実行します。変換後は輪郭線のみ色が残り、塗りは「なし」になります。

> **memo**
> 多角形に変換した文字は、「文字に見える図形」なので、文字内容の編集はできません。文字内容が定まってから多角形に変換してください。

02 データパレットを見ると「文字列」から「グループ」に変わっています。引き続き処理するために、Ctrl + U キーを押してグループを解除します。グループを解除すると「曲線」になるので、曲線としての編集が可能となります。

03 | 2Dでの編集例を示します。それぞれの文字が曲線なので、ダブルクリックすると頂点を編集できます。これを使って形を変更します。気をつけるべきことは「やりすぎに注意」です。

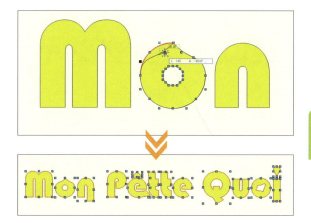

04 | 3Dでの編集例を示します。ここでは柱状体にしてみます。すべてを選択して［モデル］メニューの［柱状体］（ Ctrl ＋ E キー）を選択します。［生成 柱状体］ダイアログで、文字サイズに対して大きすぎない数値を［奥行き］に入れると、3Dで見た時に文字として見えやすいです。［OK］をクリックすると文字が3D化します。

> **memo**
>
> 多角形変換前後での塗りと線の色が維持されるので、文字図形の塗りを「なし」に設定していた場合、そのまま3D化するとワイヤフレームモデル（面をもたない立体）になります。面をもつ立体にするためには、多角形に変換した時点で塗り色を付けるか、文字を3D化した柱状体をダブルクリックして編集画面に入り、塗り色を付けてください。

Technique No. ▶ 64

疑似ドロップシャドウで影文字

ドロップシャドウは影を落として立体感を感じさせる効果的な表現手法で、2017バージョンから標準機能として追加されました。ここで紹介する「疑似ドロップシャドウ」は文字を重ねて作るため、2016以前のバージョンで活用できます。また、2017でもダイアログでの面倒な設定なしに影文字が作れます。

01 ［文字ツール］で文字を入力します。このとき文字色を影の色（ここでは黒）にし、背景色は「なし」にします。

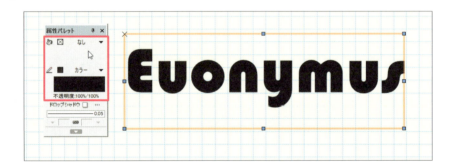

02 文字を選択し、Ctrl＋Dキーを押して文字を複製します。複製した文字を任意の文字色（ここでは緑）に変更します。

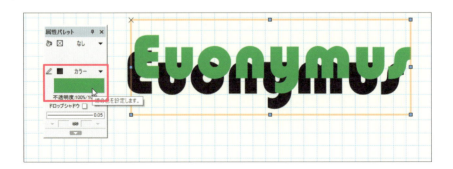

03 複製した文字が選択された状態で、下の文字が影に見えるように、ナッジ（ Shift ＋矢印キー）でずらします。

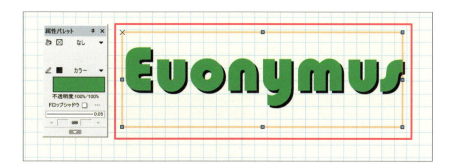

04 後の作業が楽になるように、2つの文字を選択してグループ化しておきます。

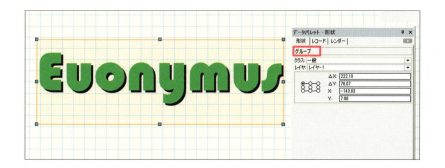

column

［ドロップシャドウ］と疑似ドロップシャドウを合わせて使う

［ドロップシャドウ］はぼかしを入れられますが、ここで説明した方法ではできません。一方、疑似ドロップシャドウは影のサイズを本体と違えて遠近感を出したり、複数重ねて厚さ感を出したりできます。両者を合わせたら、さらにプレゼンテーションの訴求力を高められます。

Technique No. ▶ 65

日影シミュレーションをする

美しい絵を作る目的のプレゼンでは、見映えの良い方向から適当に平行光源を与えることがありますが、実際の設計では建物にどのような陽が射すのか、周辺にどのように影を落とすのかといった日影のシミュレーションは欠かせません。日影のシミュレーションは［太陽位置を設定］から行います。

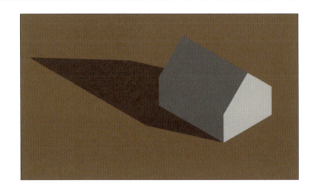

01 ［ビュー］メニューの［太陽位置を設定］を選択します。

> **memo**
> 2015以前のバージョンでは［ビュー］メニューの［光源を設定］－［太陽位置を設定］を選択します。なお、上位版ではこのメニューが表示されません。上位版は、［ビジュアライズ］ツールセットの［太陽光設定ツール］で、より簡単に操作できます。

02 ［太陽位置を設定］ダイアログが開きます。あらかじめ調べておいた［緯度］［経度］［世界標準時差］［真北］の方向の角度（0はY軸方向）を入力し、［日付］［時刻］を入力して［OK］をクリックします。

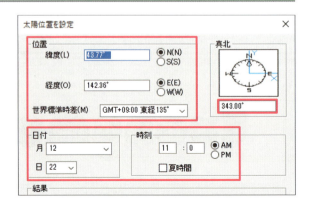

> **memo**
> 緯度経度を調べるにはGoogleマップがおすすめです。Googleマップの地図上を右クリックして表示されたメニューから「この場所について」を実行すると、画面下部に住所と一緒に緯度・経度が表示されます。

03 設定した太陽位置に平行光源が配置されます。

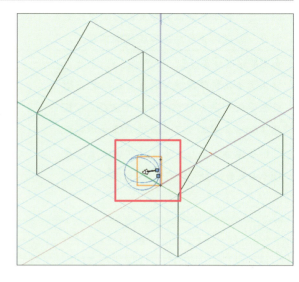

> **memo**
> [太陽位置を設定]で配置された光源は平行光源と同じなので、データパレットで位置情報や日付、時刻の再設定はできません。上位版の[太陽光設定ツール]なら再設定が可能です。

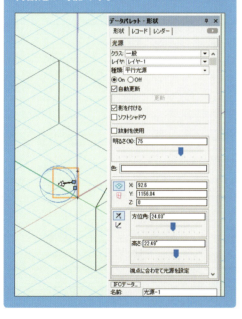

04 [ビュー]メニューの[レンダリング]-[RW-仕上げレンダリング]を選択し、日影を確認します。

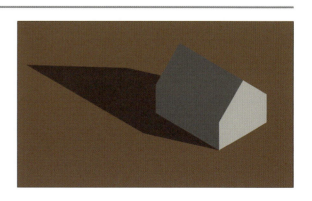

Technique No. ▶ 66

スケッチレンダリングでラフに表現する

Renderworksによるレンダリング機能は、ここ数年で表現力が大いに向上しており、写真のような表現を追求することも可能になりました。しかし、フォトリアリスティックな表現が過ぎると誤解を招くおそれがあるので、プレゼンではむしろスケッチ風のラフな表現のほうが適している場合もあります。スケッチ風に表現するときは[RW-アート]を使います。

01 [ビュー]メニューの[レンダリング]-[RW-アート設定]を選択します。

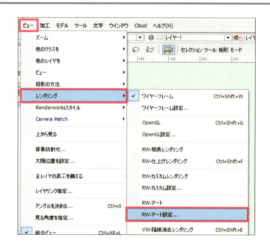

02 [RW-アート設定]ダイアログが開きます。[スタイル]や[輪郭の太さ]、[輪郭の色]などを任意に設定して、[OK]をクリックします。

03 ［ビュー］メニューの［レンダリング］－［RW-アート］を選択します。レンダリングが実行され、スケッチ風のレンダリング結果が得られます。

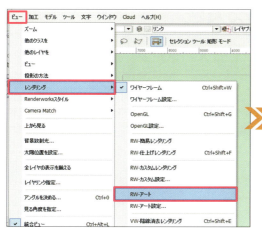 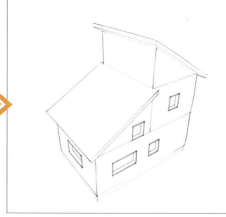

memo

ここで紹介した［鉛筆画（ソフト）］設定の［RW-アート］のほか、ラフに表現したいときは、以下のレンダリング設定などもおすすめです。

● ［セル画］設定の
　［RW-アート］

● ［Renderworks スタイル］メニューの
　［アート 影付き 青］

 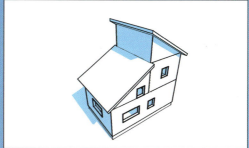

くっきりとした絵的な表現に向いています　　　線画のイラスト風に表現できます

Technique No. ▶67

空間検討のための
カメラアングル設定

建築モデルのレンダリングの場合、カメラアングルは全体が眺められる鳥観図を作りがちですが、空間を検討するためのカメラアングルでは、人の目線つまり「アイレベル、標準レンズでの視点設定」が重要です。アイレベルのカメラアングルは添景物体との位置関係も影響するので、大まかな設定の後に複数のツールを組み合わせて微調整します。

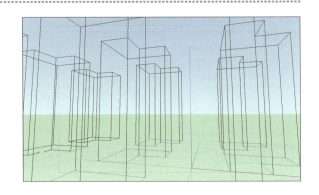

01 カメラアングルは、[レンダーカメラツール] や [ビュー] メニューの [アングルを決める] などであたりを付けます。ここでは [アングルを決める] を実行し、視点→視心（視ている先の点）の2点を直線の要領で指示します。

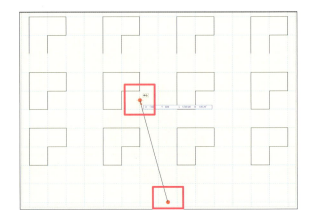

02 [アングルを決める] ダイアログが開きます。[視点の高さ][視心の高さ] を数値入力し、[投影の方法] で「透視投影（標準）」を選択して [OK] をクリックします。

> **memo**
> 大人の［視点の高さ］は標準的に 1500mm ですが、建築の用途によっては車椅子（1200mm 程度）や子供の目線（想定身長−100mm 程度）などでも検討してみましょう。また、アイレベルでの視界は水平や見下ろしの状態になると、床や地面が画面の中で広く見えすぎるので、［視点の高さ］より［視心の高さ］が高くなるように設定するとよいでしょう。

03 アングルのあたりが付いたら微調整をします。微調整には［ビジュアライズ］ツールセットの［ウォークスルーツール］や［フライオーバーツール］、［視点移動ツール］、［視点回転ツール］などを使います。微調整ですから一気に動かすのではなく、少しずつ動かして確認しながら調整します。

04 アングルが決まったらワイヤーフレームレンダリングだけでなく、あまり負荷のかからない OpenGL レンダリングでも表示の確認をしてみます。最後に忘れずに画面登録をしておきます。

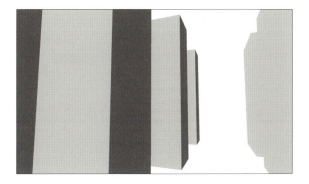

Technique No. ▶68

テクスチャ適用時の壁の「左右」とは？

データパレットなどで壁にテクスチャを適用する際、左右の表記が出てきます。「壁の左右」という表現がわかりにくいですが、これはP018でも説明したとおり、壁の入力方向を前と考えたときの左右を意味します。通常、外壁が「左側」になるように壁を描きますが、入力方向によっては内壁が「左側」になっている可能性もあります。

01 図のような入力方向で作成された壁図形は、データパレットの[レンダー]タブで外壁が[左側]、内壁が[右側]として別なテクスチャを設定できます。

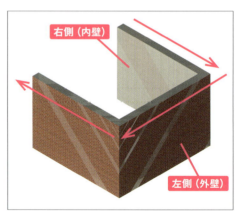

> **memo**
> [壁 構成要素の設定]ダイアログにある「線種」の左右も同じ考え方です。

chapter 4

環境設定・カスタマイズで もっと使いやすく

Technique No. ▶69

作図時にオンにしておきたい環境設定

環境設定は作業の効率化、円滑化、あるいは、ミスの減少に大きく関与します。すべて自己流に設定してもかまいませんが、筆者は作図に関する［描画］［画面］タブで、以下の項目をオン（チェックを入れる）にしておくことをおすすめします。

01 ［ツール］メニューの［オプション］－［環境設定］を選択し、［環境設定］ダイアログを開きます。［描画］タブで、図の項目にチェックを入れます。

●［アクティブポイントを8個表示］［ずれを伴う複製］［壁の自動結合］［マウスホイールでズーム］［Ctrl+クリックで同位置に複製］

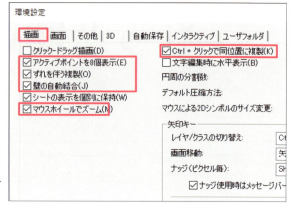

■［アクティブポイントを8個表示］

オンにすると、ハンドルが8個表示されます（オフは4個）。ハンドル数が多いほうが、変形の自由度が高まります。2018バージョンでは、この項目は［変型ハンドルを8個表示］になっています。

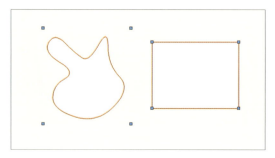

オフ

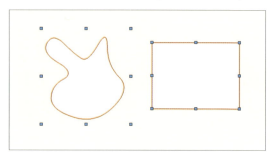

オン

■ ［ずれを伴う複製］

オフにすると、Ctrl ＋ D （複製）と Ctrl ＋クリックが同じ動き（同位置複製）になります。本書ではこの設定をオフにした操作も紹介していますが、通常はオンにして［Ctrl＋クリックで同位置に複製］もオンにしておくことで、使い分けを可能にしておくほうがよいでしょう。オンにするとスナップグリッドで設定した間隔が用いられて、右斜め上に複製されます。

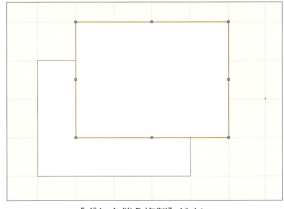

［ずれを伴う複製］がオン

02 ［画面］タブをクリックし、［拡大時に線の太さを表示］にチェックを入れ、［OK］をクリックします。

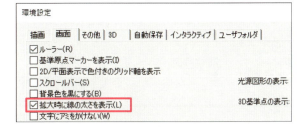

■ ［拡大時に線の太さを表示］

オンにすると図形（またはクラス）に設定されている線の太さが画面上でも表示され、手描き図面のように図形の意味をつかみやすくなります。その反面、線が重なっていたり混み合っていたりすると、太い線が細い線を覆い隠してしまって、選択やスナップがやりにくくなる場合があります。適宜、ツールバーの ［拡大時に線の太さを表示］ボタンでオン／オフを切り替えるようにしてください。切り替えの1行マクロ（P170）を作成すれば、マウスポインタの移動距離がさらに短くなり、図面作成がもっとラクになります。

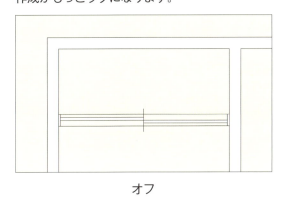
オフ

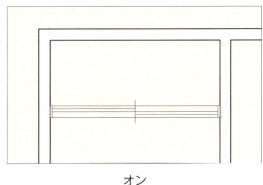
オン

> **memo**
> ［拡大時に線の太さを表示］のオン／オフ切り替えの1行マクロは下記です。
> SetPref(9, NOT(GetPref(9)));

Technique No. ▶ 70

登録画面を作業切り替えに利用する

[画面を登録]で登録した画面は、一般的にプレゼンなどで利用されることが多いのですが、図面やモデルの見え方だけではなく、クラスやレイヤの表示設定、レンダリングの状態なども登録でき、作業環境を登録するといえます。この機能を使えば、3D作業と2D作業の切り替えなど、煩雑な画面操作の手間を大きく減らせます。

01 ここでは常に作業を平面から始められるように「編集用」という名前の登録画面を作ります。[現在のビュー]を[2D/平面]にして平面表示にしておきます。

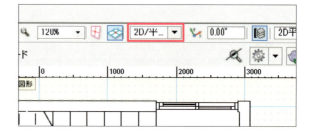

02 [ビュー]メニューの[画面を登録]を選択して、[画面を登録]ダイアログを開きます。[登録画面の名前]を「編集用」として[ズームとパンを登録]のチェックを外します。[レイヤの表示設定を登録]の[アクティブレイヤ]で[特に指定して保存しない]を選択して[OK]をクリックします。

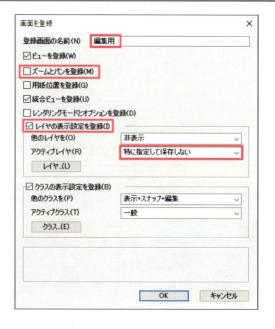

> **memo**
>
> ［ズームとパンを登録］→ここではチェックを外しますが、チェックを入れると現在の表示サイズ（ズーム）と画面位置（パン）を合わせて登録できます。
> ［アクティブレイヤ］の［特に指定して保存しない］→この項目を選択すると、画面登録時のレイヤが保存されないため、登録画面を呼び出したときにアクティブレイヤのまま作業を続けられます。この項目は［レイヤの表示設定を登録］にチェックが入っていないと指定できません。

03 3D表示でレンダリングした状態からでも、画面登録「編集用」を呼び出せば平面図から作業を始められます。

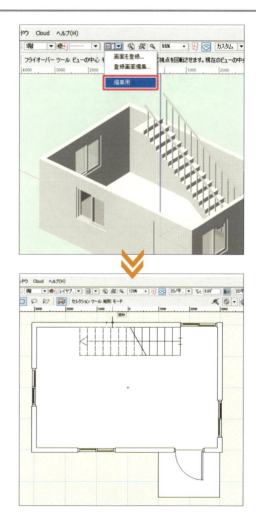

Technique No. 71

不要な情報を一気に削除して
ファイルを軽くする

ハードディスクなど外部記憶装置が大容量化し、ファイルサイズについてそれほどナーバスにならなくてよくなりましたが、作業中にシンボル、線種、クラスやレイヤなどの情報がどんどん増えていき、ファイルサイズが大きくなると、パフォーマンスが低下したり、PCが不安定になったりすることもあります。定期的に不要情報削除を行って、データファイルを健全に保ちましょう。情報削除を行う前には、必ずバックアップをとります。[別名で保存] コマンドで、適切な名前を付けてから実行してください。

01 [ツール] メニューの [不要情報消去] を選択し、[不要情報消去] ダイアログを表示します。項目名の後の( )内の数値が、Vectorworksにより不要だと判断された情報の個数です。削除するアイテムのチェックを確認し、[OK] をクリックします。

memo

「不要」の意味は、「現時点では使われていない」「重なっている」「用紙の外にある」などです。どれにチェックを入れるかは、今後の作業を考慮して決めます。当該ファイル内で自作したリソース（ダイアログの左半分に表示される項目）がある場合や、[空のレイヤ][空のストーリレイヤ][未使用クラス][用紙外の図形] は今後の作業で使用する可能性がゼロではないため、うかつにチェックを入れず残しておくほうがよいでしょう。

02 チェックした内容に応じて、下のような確認ダイアログが開きます。ここで再度、[はい] か [いいえ] を選択します。

03 最後に [消去確認] ダイアログが表示されます。消去する情報が一覧になっていて、左端のチェックをクリックしてオフにすれば、消去をキャンセルできます。項目をすべて確認したら、[OK] をクリックして、消去を確定します。

memo

「やりすぎた！」と思ったら、このファイルは廃棄し、最初に作成したバックアップに戻って作業を再開します。バックアップを取り忘れていた場合、自動保存が設定されていれば（P150）、自動保存フォルダーの中から処理前のファイルを見つけて復旧することが可能です。

Technique No. ▶ 72

線分に変換したデータを軽くする

3Dのワイヤフレーム表示を線画のパースとして表現する場合、データを線分に変換します。しかし、そのままでは重複した線が原因でファイルサイズが肥大化したり、PCスペックによっては選択動作や画面表示が遅くなったりします。このため[不要情報消去]を行い、データを軽くしましょう。

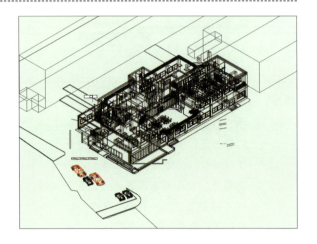

01 3Dのワイヤフレーム表示ですべてを選択（ Ctrl + A キー）し、[加工]メニューの[変換]-[線分に変換＋コピー]を選択します。

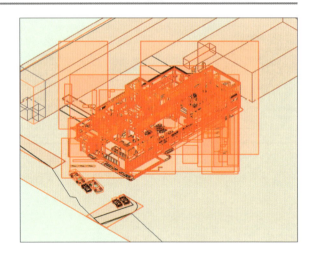

02 線分に変換された図形が選択状態になっているので、そのまま切り取り（ Ctrl + X キー）、新規ファイルに貼り付けます。

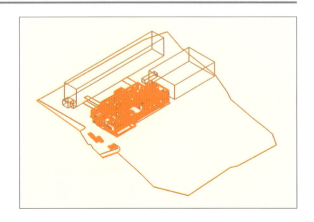

03 すべてを選択し（Ctrl＋Aキー）、[ツール]メニューの[不要情報消去]を選択します。[不要情報消去]ダイアログで「同位置重複図形」の「その他すべての図形」にチェックを入れて[OK]をクリックします。

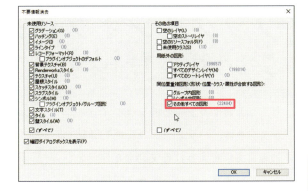

memo

線分数が多いとダイアログ表示に時間がかかります。コーヒーでも飲みながら待ってください。

04 不要な線分が削除され、ファイルサイズが小さくなります。

memo

ここでは、やや極端な例を示しました。隠線消去したデータではここまで大きな違いにはなりません。

memo

Jw_cadを併用する方法もあります。その場合、VectorworksでDXFファイルを作成し、Jw_cadで開いたら「整理」を行い（P208）、再びVectorworksに取り込みます。

Technique No. ▶ 73

プラグインオブジェクトをシンボル登録する

ドアや家具セットなどのプラグインオブジェクトは、パラメータの変更で形状などを自由に変えられる便利なオブジェクトです。決まったパラメータで使い回す可能性が高いプラグインオブジェクトは、毎回同じ設定を入力して配置するよりも、シンボル登録して配置したほうが設定の手間を減らせます。

01 プラグインオブジェクトを配置し、必要なパラメータを入力します。プラグインオブジェクトを右クリックして［スタイルなしのプラグインから新規プラグインスタイルを作成］を選択します。

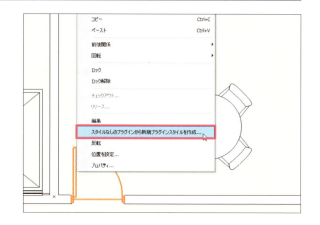

02 ［xx スタイル］（ドアの場合は［ドアスタイル］）ダイアログが開きます。パラメータは設定済みなので、［スタイル名称］だけを入力（ここでは「ドア片開き W900」）して［OK］をクリックします。

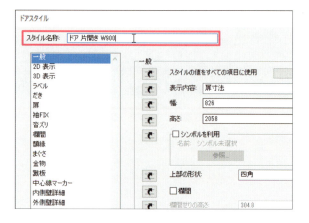

memo

右クリックメニュー[スタイルなしのプラグインから新規プラグインスタイルを作成]は、オブジェクトによっては表示されません。表示されない場合は、[加工]メニューの[シンボル登録]を選択して開く[シンボル登録]ダイアログの[名前]にシンボル名を入力し、[フォルダの指定]をして[OK]をクリックします。

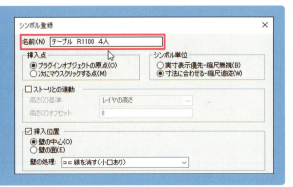

03 リソースマネージャ(2016以前はリソースブラウザ)に作成したシンボルが表示されるので、今後はそれらを使います。

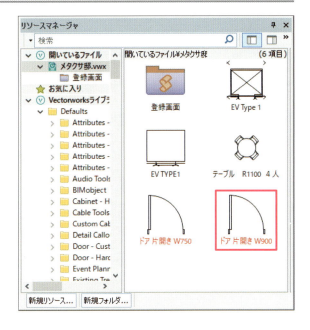

Technique No. ▶ 74

オリジナルの
ハイブリッドシンボルを作る

シンボルには、2Dと3Dで表示が変わるハイブリッドシンボルがあります。このハイブリッドシンボルをオリジナルで作成することができます。

01 ここでは、コンセントカバーを例にハイブリッドシンボルを作成してみます。3Dモデルでコンセントのカバーを作成し、［加工］メニューの［シンボル登録］を選択して、シンボルとして登録します。

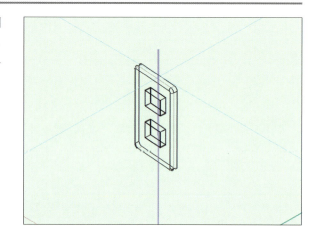

02 リソースマネージャでシンボル登録したコンセントを選択し、右クリックして［2Dを編集］を選択します。

03 2Dのシンボル編集画面が開きます。ここで2Dのコンセント記号を作図します。作図が終了したら、画面右上の［シンボルを出る］をクリックして編集を終了します。

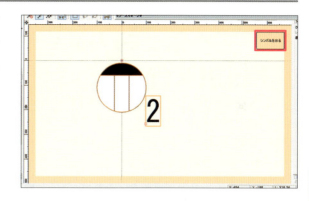

> **memo**
> シンボルの基準点は原点（0,0）になるので、図面に配置された時の位置を考えながら2D図形を描きます。例では壁にコンセントを配置するので、基準点から少しだけ離してコンセントの図形を作成しました。

04 作成したシンボルをハイブリッドシンボルに変換してよいかどうかの確認メッセージが表示されます。［はい］をクリックします。

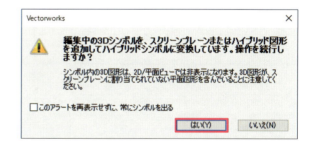

05 これで3Dと2Dで表現がちがうハイブリッドシンボルが作成できました。

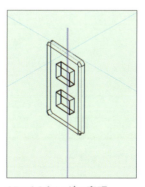
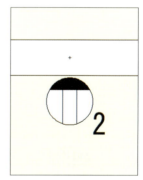

3Dでのシンボル表現　　2Dでのシンボル表現

> **column**
> **オリジナルシンボルはテンプレートに保存できる**
>
> ここで作成したようなオリジナルのシンボルはテンプレートに保存することができます（P166）。シンボルのほかにも、画面登録（P140）や1行マクロ（P170）、スクリプト（P177）なども、リソースとしてテンプレートに保存できます。

Technique No. ▶ 75

データを失わないための「自動保存」設定

Vectorworksには他のCADソフトと同様に「自動保存（バックアップ）」の機能があります。保存のタイミングやバックアップファイルの保存場所などを任意に変更できるので、使いやすいように設定を見直してみましょう。

01 メニューの［ツール］－［オプション］－［環境設定］を選択します。

02 ［環境設定］ダイアログが開きます。［自動保存］タブで自動保存の設定をしたら［OK］をクリックします。

A：タイミングと保存方法

[自動保存設定]
チェックを入れると保存のタイミングを指定できます。タイミングは、[操作毎]と[分毎]が選べます。迷う時は次を参考にしてください。

タイミング	あなたのタイプ	数値
操作毎	深く考えずに操作する	5～20 ※バックアップ数が多すぎると感じたら、少し大きめにする
分毎	操作するより考える時間の方が長い	5～10

[確認ダイアログボックスを表示]
自動保存のタイミングごとに確認ダイアログを表示します。入れるとうるさいので、チェックを外すことをおすすめします。

[コピーを保存]
デフォルトで選択されています。何かあった場合はコピーファイルが必要になりますので、必ずチェックを入れてください。これが安心の秘訣です。

B：保存場所

[任意の場所に設定]
自動保存専用のフォルダーを作り、そのフォルダーにまとめて保存することをおすすめします。[任意の場所に設定]をオンにして、[選択]ボタンでフォルダーを指定します。

C：保存ファイルの数

デフォルトの「1」では心許ないです。ハードディスクやSSDの空き容量が少ない場合は小さめにしますが、「50」以上にしたほうが安全です。

> **memo**
> 少なくともプロジェクトが完了するまで、できれば完全に不要であると確信できるまで、自動保存ファイルを残しておきましょう。また、自動保存の設定をしていても、大きな修正のたびに[別名で保存]して修正前の状態を残しておいた方が安全です。なおファイル名の付け方は次項を参照してください。

Technique No. ▶ 76

データを見失わないための
フォルダー名／ファイル名の付け方

紙の図面は目に見えるので、それが何であるか一目瞭然です。Vectorworksではデータファイルのアイコンを図面の絵柄で表示できますが、小さいので内容を把握するのは容易ではありません。そこで、いつごろ作ったか、第何案であるかなどが一目瞭然であるファイル名を付け、同時にプロジェクトごとにフォルダーを作って整理しましょう。

よろしくないファイル名	望ましいファイル名
コンペ用	火星基地建設3Dプリンタ用データ_2033_1020
下中野 2	ロンチャン寺院・新築プロジェクト_1950_0909-01 →【最終】
下中野	ロンチャン寺院・新築プロジェクト_1950_0808-04 →【没！】
手直し	ファンズワーク邸・改築工事_2017_1213-01
住宅案	ファンズワーク邸・改築工事_2017_1212-02
図面まとめ - コピー	ファンズワーク邸・改築工事_2017_1212-01
図面まとめ	ショーの製塩場_2005_0520（0518打ち合わせ反映-1）
壁復元後	ショーの製塩場_2005_0517（0518打ち合わせ用【最終】）

01 まず、ファイルを保存するフォルダー名の命名ルールを作ります。プロジェクトの開始時期（年、年月、年月日）やその年度における通し番号、そして、プロジェクト名などを含めることをおすすめます。
【例】
2010-01・シラーズ邸新築工事
2012_10・カベルネソービニョンビル内装リフォーム
2015_0328・メゾンムスカデ（コンペ）　　　　など

02 次にファイル内容、日付、版が分かるファイル名の命名ルールを作って、すべて01のフォルダーに保存するようにします。同一プロジェクトのファイルはVectorworks以外のファイルも01のフォルダーに保存します。
【例】
レツィーナビル・2010_0101 - 01
レツィーナビル・2010_0101 - 02
レツィーナビル・2010_0103 – 01【第一案最終】　　など

> **memo**
>
> アイコンでわかるという人もいるでしょう。しかし、アイコンでわかるのは作図者だけだと考えるのが好ましいです。一方、ここで示した例のようにファイル名をしっかりと付けてやれば、作成後、時間が経っても内容を思い出しやすいし、また、第三者でもファイル名から内容を推測できます。
> （参考：『「超」整理法 - 情報検索と発送に新システム』、野口悠紀雄、中公新書、1993 年）

03 作業期間中は、フォルダーの表示を「詳細」にして更新日時降順に表示させておきます。これによって、間違えて古いファイルを開いてそのまま修正作業を行ってしまったというようなミスがなくなります。

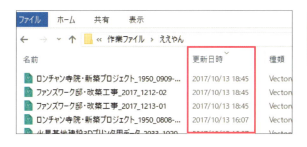

04 プロジェクトが一段落したら、01 のフォルダー内に「_ 作業済み」「_ obsolete」というように、頭に「_」（アンダーバー）を付けたフォルダーを作って、最終案以外すべてのファイルを移動します。アンダーバーを頭に付ける理由は、ファイル名で並べ替えたときに一番上に来てわかりやすいからです。

05 プロジェクトが終了したら、01 のフォルダーを ZIP 圧縮して保存し、自分のデータ蓄積用フォルダーやドライブに、その zip ファイルを移動しておきましょう。

Technique No. ▶ 77

寸法線に2つの単位を併記する

寸法線の表現（マーカー、数値、文字位置など）は［寸法のカスタマイズ］で自由に設定できます。ここでは例として、寸法線に「mm」と「尺」の2つの単位を併記する寸法スタイルの作成方法を説明します。

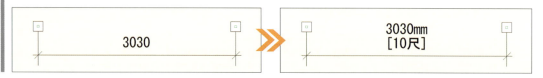

01 メニューの［ファイル］−［書類設定］−［単位］を選択して、［単位］ダイアログを開きます。［一般表示と寸法］タブで［単位］が「ミリメートル」になっていることを確認し、［単位表示］にチェックを入れます。

> **memo**
> 2018バージョンでは左の欄で［寸法］を選び、［単位記号を表示］にチェックを入れます。
>
>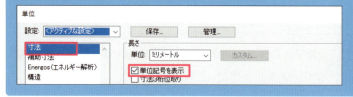

02 ［補助寸法］タブをクリックします。［単位］を「カスタム」に設定し、［カスタム］ボタンをクリックします。

> **memo**
> 2018バージョンでは左の欄で［補助寸法］を選択します。

03

[単位のカスタマイズ：長さ] ダイアログが開きます。[単位名] と [単位記号] に「尺」と入力し、[換算（既存単位基準）] の [カスタム単位] に「33/10」と入力したら、「メートル」を選択して [OK] をクリックします。

> **memo**
> 一尺（曲尺(かねじゃく)）＝約303.030 mm ですが、明治時代に一尺＝10/33 mと定められたことと、Vectorworksでは数値の代わりに計算式を記入できることを利用して、「カスタム単位 33/10 で、1メートル」と設定します。

04

[単位] ダイアログに戻ります。[単位表示] にチェックを入れ、[端数の丸め方] で [小数で表示] を選びます。[小数の精度] を「.001」、[整数部の0を表示] にチェックを入れ、[OK] をクリックします。

> **memo**
> 2018バージョンでは [単位記号を表示] にチェックを入れて、[端数の丸め方] では [小数] を選択します。

05

次に、寸法スタイルをカスタマイズします。メニューの [ファイル] － [書類設定] － [ファイル設定] を選択して、[ファイル設定] ダイアログを開きます。[寸法] タブをクリックし、[寸法規格] の [カスタム] をクリックします。

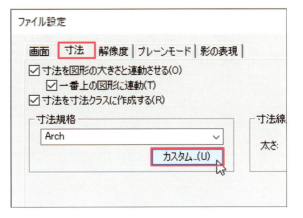

06 [寸法のカスタマイズ] ダイアログが開きます。[新規] ボタンをクリックして [名前を付ける] ダイアログを開き、任意の名前を付けて [OK] をクリックします。元のダイアログに戻るので、今度は [編集] ボタンをクリックします。

07 [カスタム寸法規格の編集] ダイアログが開きます。[寸法の表記方法] を「主単位＋補助」(ここでは上下を選択) に設定して [OK] をクリックします。

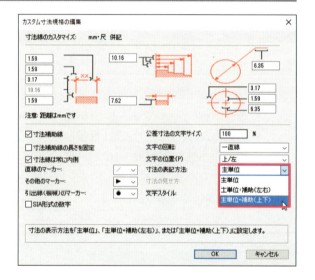

08 [寸法のカスタマイズ] ダイアログの [OK] をクリックして、[ファイル設定] ダイアログに戻り、[寸法規格] を作成したもの (ここでは「mm・尺　併記」) に変更して、[OK] をクリックします。

09 これで「mm・尺　併記」が標準の寸法スタイルになるので、寸法線を引くと自動的に「mm・尺　併記」が使われるようになります。

> **memo**
> 寸法のオフセットなどの細かな調整は、通常の寸法線と同じようにデータパレットで行えます。

chapter 4　環境設定・カスタマイズでもっと使いやすく

Technique No. ▶ 78

Tabキーを使わずにテンキーから直接数値入力

図形を描くとき、デフォルト設定では Tab キーを押せばテンキーからの数値入力で作図できます。テンキーは視点変更のショートカットで用いられるので、直接テンキーで数値を打ち込むと、視点が変更されてしまいます。Tab キーをいちいち押すのが面倒な場合は、[データバーオプション]でテンキーから直接数値入力できるように変更できます。

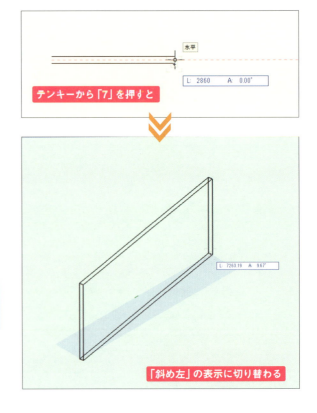

01

デフォルトでは、[データバーオプション]が[テンキーをフローティングデータバー入力の開始に使用しない（キーボードのみ有効）]になっています。この場合、キーボードのアルファベット上部の数字を打てば、Tab キーを押さなくても数値を直接入力できますが、テンキーから直接数値入力すると、図のように2Dから3Dの表示に切り替わってしまいます。

memo
テンキーがないキーボードの場合は、特に設定を変更する必要はありません。

02

設定を変更します。[ウインドウ]メニューの[データバーオプション]-[テンキーをフローティングデータバー入力の開始に使用する]を選択します。これで Tab キーを押さなくてもテンキーから直接数値入力できるようになります。

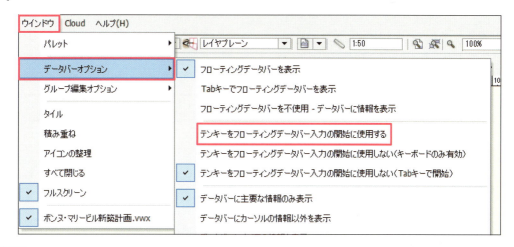

> **memo**
>
> この設定をすると、テンキーが数値入力として働くか、視点変更として働くかは Vectorworks が自動的に判断してくれるようになります。通常の数値入力でテンキーを使う人にとっては、最もロスが少ない方法です。

> **memo**
>
> [テンキーをフローティングデータバー入力の開始に使用しない（Tab キーで開始）]に設定すると、Tab キーを押さないと数値の直接入力ができない状態になります。デフォルトの設定で可能だったキーボードの上部の数字による直接入力も、数値入力前に Tab キーの入力が必要になります。

Technique No. ▶ 79

印刷で失敗しない用紙設定

ちょうどよい用紙サイズを指定したはずなのに、何枚にも分かれて印刷されて困った経験がある人は多いと思います。このようなときは、画面が用紙境界を表すグレーの線で分割されています。これを避けるためには、[用紙設定] ダイアログの [サイズ] で用紙サイズを指定するのではなく、[単用紙] を選び、[印刷] ダイアログの中で用紙サイズを決めます。

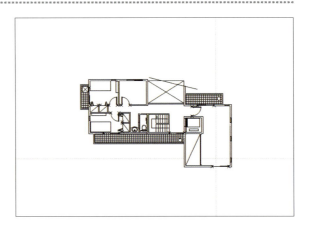

01 [ファイル] メニューの [用紙設定] を選び、[用紙設定] ダイアログを開きます。[用紙の大きさ] で [サイズを選択] にチェックを入れ、[サイズ] を「単用紙」にしてから、[プリンタ設定] ボタンをクリックします。

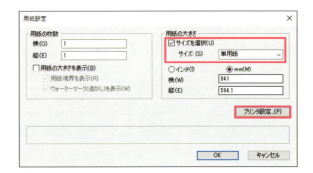

> **memo**
> このとき、[用紙の大きさを表示] と [用紙境界を表示] にチェックが入っていなければチェックを入れます。このチェックがないと、用紙の大きさを表示するグレーの枠が表示されません。

02 [印刷] ダイアログが開きます。印刷に使うプリンタを選んでから、用紙の [サイズ] と [印刷の向き] を選択し、[OK] をクリックします。

03 ［用紙設定］ダイアログに戻ります。［横］［縦］の数値で用紙の寸法（サイズ）を確認します。違っていたら、**02** をやり直します。［OK］をクリックします。

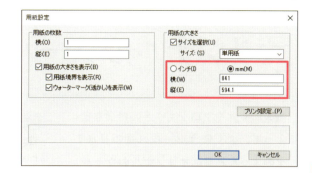

04 前ページの一番上の図のように作図ウィンドウに表示された薄いグレーの線（用紙枠）によって図形が分割されていないことを確認します。

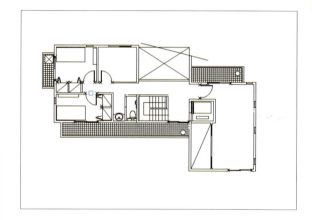

> **memo**
> デザインレイヤは原則的にそのまま印刷しないので、枠からはみ出していてもかまいませんが、シートレイヤは枠からはみ出さないようにレイアウトを調整します。このとき［用紙移動］ツールを使うと便利です。（P072）

> **memo**
> プリンタには「印字不可能領域」という部分があり、用紙の端から数ミリの範囲には印刷できません。そこで、印字不可能領域に図形や文字が入らないようにレイアウトを調整する必要があります。このとき、用紙を「単用紙」に設定すれば、使用するプリンタから自動的に印字不可能領域を読み取って、印刷できる部分だけがグレーの枠として表示されます。これも「単用紙」に設定するメリットです。

Technique No. 80

オリジナルのツールパレットを作る

個人のくせやプロジェクトの特徴などによって、よく使うツールは変わります。そのようなときはオリジナルのツールパレットを作って表示しておけば、ツールセットを切り替えなくても、すぐに必要なツールが選択できます。

01 ［ツール］メニューの［作業画面］－［作業画面の編集］を選択し、［作業画面］ダイアログを開きます。現在の作業画面が選択されていることを確認して［複製］ボタンをクリックします。続けて、複製した作業画面を選んで［編集］ボタンをクリックします。

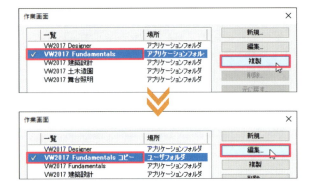

> **memo**
> 必ずしも作業画面を複製する必要はありませんが、万一のことを考え、既定の作業画面は残しておくほうが無難です。

02 ［作業画面の編集］ダイアログが開きます。［作業画面の名前］に作業画面の名前を入力し、［ツール］タブを選択します。左側の［新規パレット］を右側の［パレット］欄にドラッグ＆ドロップします。

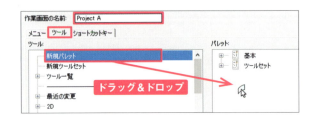

03 [パレット]欄の[新規パレット]の名前をクリックして、名前を変更します(ここでは「マイツール」)。続けて、「マイツール」の左の「+」をクリックして展開します。[サンプルツールセット]という名前を同様にして変更します(ここでは「よく使うツール」)。

04 左側の[ツール]からツールを選んで、右側の「よく使うツール」の下にドラッグ&ドロップします。これを繰り返し、必要なツールがそろったら[OK]をクリックします。[作業画面]ダイアログに戻ったら[終了]をクリックします。

05 [ツール]メニューの[作業画面]で複製した作業画面(ここでは「ProjectA」)に切り替えると、作成した「マイツール」パレットが表示されます(表示されていない場合は、[ウインドウ]メニューの[パレット]-「マイツール」を選択して表示します)。

> **memo**
>
> ツールセットの作成も同様です。[作業画面の編集]ダイアログで左側の[ツール]欄から[新規ツールセット]を、右側の[パレット]欄の[ツールセット]の下にドラッグします。
>
>

Technique No. ▶ 81

自分でショートカットキーを割り当てる

コマンドにオリジナルのショートカットキーを割り当てられます。ショートカットキーの割り当ては、[作業画面の設計]で行います。ここでは [別名で保存] コマンドに、多くのソフトでよく使われる Ctrl + Shift + S キーを割り当ててみます。

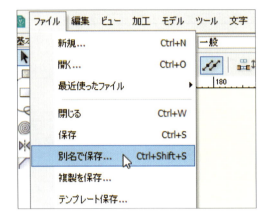

01 [ツール] メニューの [作業画面] ー [作業画面の編集] を選択し、[作業画面] ダイアログを開きます。任意の作業画面 (ここでは Fundamentals コピー) を選んで [編集] ボタンをクリックします。

memo

万一のことを考え、既定の作業画面は残しておき、複製した作業画面などを使うほうが無難です。作業画面の複製方法は P162 を参照してください。

02 [作業画面の編集] ダイアログが開きます。[作業画面の名前] に適切な名前を入力し、[メニュー] タブを選択します。

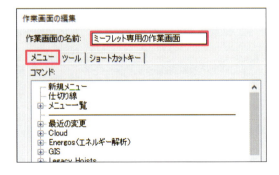

03 右側の［メニュー］欄の［ファイル］を展開し、［別名で保存］を選択します。ダイアログ下部の［割り当てるショートカットキー］のプルダウンから、「Ctrl＋Shift＋キー」を選択し、右横の空欄に「S」（大文字、小文字いずれでも可）を入力して［OK］をクリックします。

memo

上位版では Ctrl ＋ Shift ＋ S キーが［スケッチレンダリング］に割り当てられているので、［OK］をクリックすると、次の画面が出ます。［スケッチレンダリング］より［別名で保存］のほうが使用頻度が高いことや、複製した作業画面で設定していることから、［はい］を選択しても問題はありません。不安な場合はここで［いいえ］をクリックして設定をキャンセルし、別のキーを割り当ててください。割り当てを解除する場合は、［作業画面の編集］ダイアログの「S」を入力した欄を空欄にします。

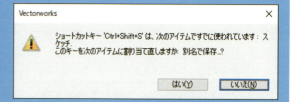

04 保存の確認メッセージが出るので、［OK］をクリックします。［作業画面］ダイアログに戻ったら［終了］ボタンをクリックしてダイアログを閉じます。

05 ［ツール］メニューの［作業画面］からショートカットキーを設定した作業画面を選択し、［ファイル］メニューを開いてみると、［別名で保存］の右側に「Ctrl＋Shift＋S」が表示され、ショートカットが割り当てられたことがわかります。

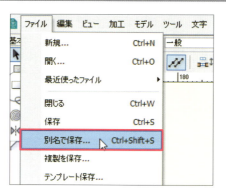

Technique No. ▶82

レイヤ設定を済ませた
テンプレートを作る

Vectorworksにはデザインレイヤとシートレイヤがあります。あらかじめ各レイヤでの設定を済ませてテンプレートとして保存しておくと、デザインレイヤに作図していくだけで、シートレイヤの印刷用図面も同時に作成できるようになります。これにより新規作成時に一からレイヤやビューポートを設定していく手間も省けます。

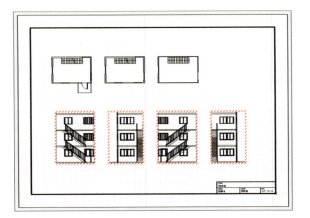

01 新規ファイルを開き、次の設定をします。

■クラス

クラスは図面になった時の表示を考慮しながら、グラフィック属性（P008）を設定します。

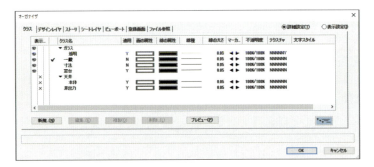

■デザインレイヤ

デザインレイヤは建物の階ごとに分類し、高さ（P012）を設定します。

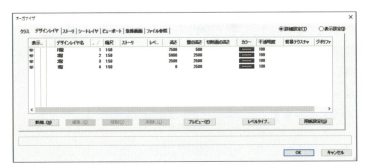

■ シートレイヤにビューポート

シートレイヤには平面図と立面図をビューポートで配置するようにします。各階平面図のビューポートは「2D/平面」のビューでそれぞれの階のデザインレイヤを表示させます。立面図も 2D で作成している場合は東西南北がそれぞれ表示されるようにし、3D で作成している場合はすべてのレイヤを表示させ、ビューを「前」「右」「後ろ」「左」とします。

 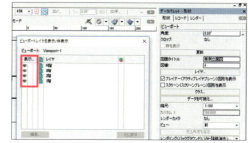

02 [寸法/注釈] ツールセットの [図面枠ツール] で図面枠を作成します。

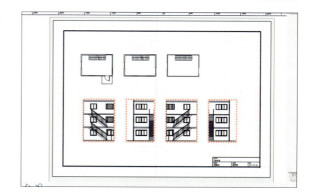

03 ここまで設定したら [ファイル] メニューの [テンプレート保存] を選択して、テンプレートとして保存します。

memo

保存したテンプレートファイルは [ファイル] メニューの [新規] で開く [用紙の作成] ダイアログの [テンプレートを使用] のメニューから選択できます。開いたテンプレートファイルは「名称未設定」となるので、新規作成したファイルと同じように名前を付けて保存します。テンプレートファイル自体は上書き保存されません。なお、テンプレートを既定のフォルダー以外に保存すると [用紙の作成] ダイアログから選択できなくなるので、注意してください。

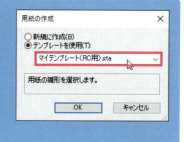

Technique No. ▶83

作業画面を持ち運ぶ

ショートカットキーやコマンドパレットなどを自分流にカスタマイズした作業画面は、原則的にはその作業画面を作ったパソコンでしか使えませんが、作業画面ファイルを移動すれば他のパソコンで使うことも可能です。ただし、移動先のパソコンの Vectorworks のバージョンが違っている場合は、作業環境を再現できません。

01 作業画面ファイルが保管されているフォルダーを開きます。Vectorworks を標準でインストールしている場合は下記のパスになります。「2017」は Vectorworks のバージョンを示し、「(ユーザー名)」はログインしているユーザーの名称です。自分の使用環境に合わせて変更してください。

C:¥Users¥(ユーザー名)¥AppData¥Roaming¥Nemetschek¥Vectorworks¥2017¥Workspaces

> **memo**
>
> このフォルダーは、[環境設定] ダイアログの [ユーザフォルダ] タブで表示される「ユーザデータ／プレファレンスフォルダ」の中にあります。「AppData」フォルダーは隠しフォルダーになっているので、フォルダーを順に開いていく場合は隠しフォルダーの設定を解除してください (解除方法は OS のバージョンによって異なります。OS のヘルプを参照してください)。

02

作業画面が保管されているフォルダーが開きます。移動した作業画面ファイル（ここでは「ミーフレット専用の作業画面」）をUSBメモリなどにコピーします。

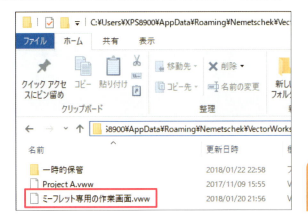

03

移動先のパソコンで、Vectorworksが起動されていないことを確認します。移動先のパソコンの作業画面ファイルが保管されているフォルダー（01と同じフォルダー）を開きます。このフォルダーに、02のファイルをコピーします。

> **memo**
> Vectorworksを起動している場合は、いったん終了してから操作してください。

04

Vectorworksを起動し、[ツール]メニューの[作業画面]を選択すると、「ミーフレット専用の作業画面」が表示されます。これを選ぶと作業画面が切り替わります。

> **memo**
> 作業が終わったら、手順04と同じ手順で作業画面を元に戻し、手順03でコピーしたファイルを削除しておきます。

Technique No. ▶84

1行マクロの作り方

Vectorworks は、独自の VectorScript（ベクタースクリプト）や一般的な Python（パイソン）でプログラムを書くことができます。メニューやアイコンから操作できるものでも1行マクロ（たった一行のプログラム）でメニューやモードの切り替え、ダイアログでの設定などが省略でき、頻繁に使う操作に対して非常に効率的です。ぜひ挑戦してみてください。

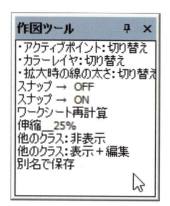

01 ここでは VectorScript を使って、「選択図形を 25% に縮小する」という1行マクロを作ってみます。まず、スクリプトパレットを作ります。リソースマネージャを開き（ Ctrl + R キー）、[新規フォルダ] ボタンをクリックします。

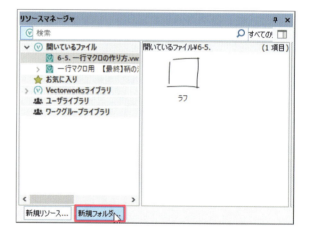

02 [新規フォルダ] ダイアログが開きます。[フォルダタイプ] で「スクリプトパレット」を選び、[フォルダの名前]（ここでは「マイツール」）を入力して [OK] をクリックします。

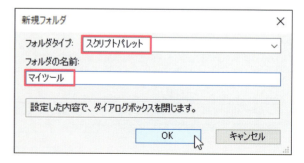

memo

2016以前のバージョンではリソースブラウザから操作します。[リソース]の▶ボタンをクリックし、今開いているファイル名ー[スクリプトパレット]を選択します。[名前を付ける]ダイアログが開いたら、名前を入力して[OK]をクリックします。

03 リソースマネージャに「マイツール」というフォルダーアイコンができ、「マイツール」というパレットが表示されます。次はスクリプト(ここでいう1行マクロ)を作ります。リソースマネージャ左下の[新規リソース]ボタンをクリックします。

04 [リソースの作成]ダイアログが開きます。[スクリプト]にチェックを入れて[作成]をクリックします。

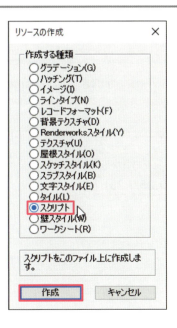

memo

2016以前のバージョンでは［リソース］の▶ボタンをクリックし、今開いているファイル名ー［スクリプト］を選択します。

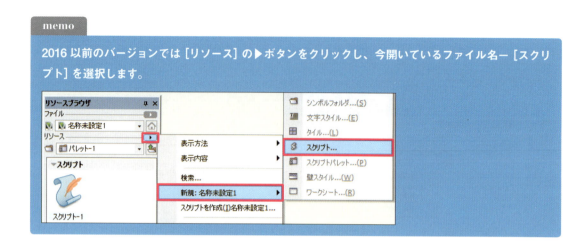

05 ［スクリプトパレット選択］ダイアログが開きます。「マイツール」を選んで［選択］ボタンをクリックします。［名前を付ける］ダイアログが開いたら、「伸縮 - 25％」と入力して［OK］をクリックします。

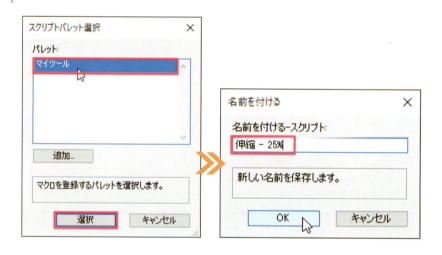

06 ［スクリプトエディタ］が開きます。「scale(0.25,0.25);」と半角文字で入力し、［OK］をクリックします。

07 「マイツール」パレットに1行マクロ「伸縮 - 25%」が作成されました。

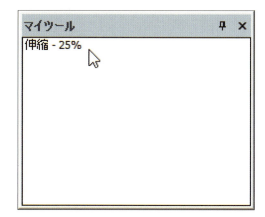

08 図形を選択し、「マイツール」パレットの「伸縮 - 25%」をダブルクリックすると、図形が元図の25%の大きさになります。

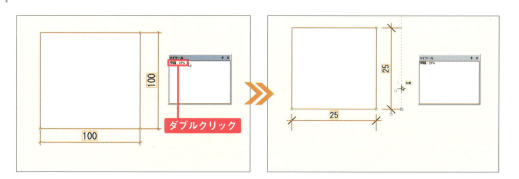

> **memo**
>
> どんなスクリプトがあるかは、Vectorworksのプログラムフォルダーの中の「VWHelp」フォルダー内にある「ScriptFunctionReference」に記されています。頻繁に使う機能は1行マクロ化しておくと便利です。以下に例を示します。うまく動かない場合は、最後のセミコロン「;」を忘れていることが多いので、気をつけてください。

操作内容	入力するスクリプト
アクティブポイントの数の切り替え	SetPref(17, NOT(GetPref(17)));
カラーレイヤのオン／オフ	SetPref(17, NOT(GetPref(17)));
拡大時の線の太さのオン／オフ	SetPref(9, NOT(GetPref(9)));
スナップ → OFF	SetConstrain('');
スナップ → ON	SetConstrain('qsw');
ワークシート再計算	RecalculateWS(ActSSheet);
他のクラスを非表示	SetClassOptions(1);
他のクラスを表示＋編集	SetClassOptions(5);
名前を付けて保存	DoMenuTextByName('Save As',0);
上書き保存	DoMenuTextByName('Save',0);
選択図形をロックする	LckObjs;
選択図形を150%に拡大する	Scale(1.5,1.5);

Technique No. ▶85

よく使う選択方法を
マクロで保存する

[図形選択マクロ] は図形の属性を選択条件として指定すれば、該当する図形を一括で選択してくれます（P062）。同じ条件を何度も使いそうな場合は、[図形選択マクロ] で指定する条件をマクロとして保存すると、検索条件を入力する手間が省けて便利です。

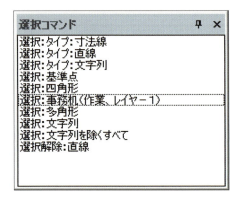

01 [ツール] メニューの [図形選択マクロ] を選択し、[図形選択マクロ] ダイアログを開きます。[コマンド] で任意の操作 (ここでは [解除してから選択]) を選び、[オプション] で [VectorScriptを作成] を選んで、[検索条件] ボタンをクリックします。

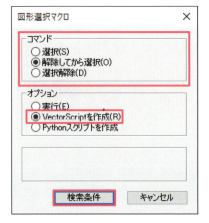

02 [検索条件] ダイアログが開きます。選択する図形の条件 (ここでは [タイプ] = 「事務机」、[クラス] = 「作業」、[レイヤ] = 「レイヤー1」) を指定し、[OK] をクリックします。

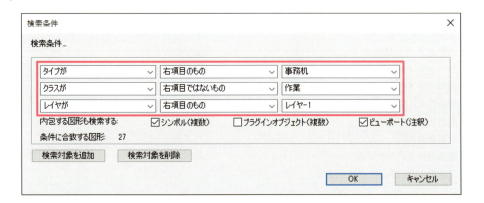

> **memo**
> 複数の条件を指定するときは、[検索対象を追加] ボタンをクリックすると、条件入力欄が1行増えるので、そこで次の条件を指定します。これを必要なだけ繰り返します。

03 パレットの [名前を付ける] ダイアログが開きます。任意のパレット名（ここでは「選択コマンド」）を入力して [OK] をクリックします。

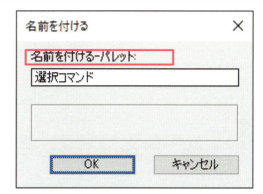

> **memo**
> すでにスクリプトパレットが作成されている場合は、[スクリプトパレット選択] ダイアログが開きます。作成済みのパレットを使う場合は、任意のパレットを選択して [選択] ボタンをクリックします。新しいパレットを作る場合は、[追加] ボタンをクリックして、手順03の操作を実行します。

04 続けてスクリプトの [名前を付ける] ダイアログが開きます。任意のスクリプト名（ここでは、「選択：事務机（作業、レイヤー1）」）を入力して [OK] をクリックします。

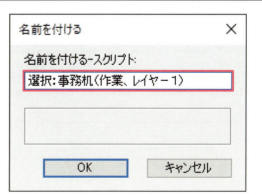

05 画面上に 03 で作成した「選択コマンド」パレットが表示され、その中にマクロ「選択：事務机（作業、レイヤー1）」が保存されました。このマクロ名をダブルクリックすると条件に合致した図形が選ばれます。

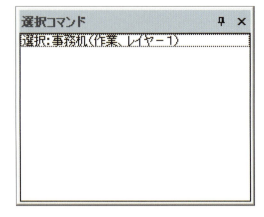

memo

1つのパレット内に複数のマクロを保存することができます。よく使う選択条件は、パレットに作りためていきましょう。

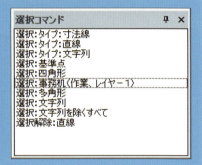

memo

［図形選択マクロ］で作成されるのは、実は、P170 で説明した1行マクロです。
たとえば、［解除してから選択］として「四角形」を選ぶ場合は、下記のようになります。

DSelectAll; SelectObj((T=RECT));

「 DSelectAll; 」は「いま選択されているすべてのものを選択解除する」という意味で、これを削除して、「SelectObj((T=RECT));」だけにすると、現在の選択状態をそのままにして四角形を追加選択するマクロになります。

Technique No. ▶86

スクリプトで図形を描く

図形はスクリプト（プログラム）で描くことも可能です。スクリプトで描かれた図形はツールで作図した図形と同じ扱いになります。先に紹介した1行マクロでもスクリプトを入力しましたが、複数行のスクリプトを入力することによって、より高度な作図を実現できます。ここでは簡単なテーブル図形を描くスクリプトを入力し、実行する方法を紹介します。

01 リソースマネージャを開き、[リソースタイプ] 欄から [スクリプト] を選択し、[新規スクリプト] ボタンをクリックします。

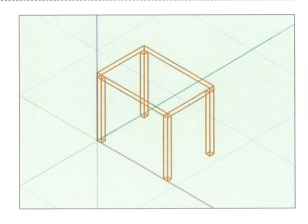

memo
2016以前のバージョンは、リソースブラウザの [リソース] の▶から [新規] ー [スクリプト] を選択してください。

02 表示される [名前を付ける] ダイアログで任意の新規パレット名と新規スクリプト名を入力して [OK] をクリックします（P175）。

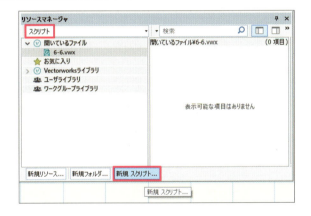

memo
すでにパレットが作成済みの場合は、新規スクリプト名を付けるダイアログのみ表示されます。

chapter 4 環境設定・カスタマイズでもっと使いやすく

03 [スクリプトエディタ]が表示されます。下記のスクリプトを正確に入力し、[OK]をクリックします。

memo
「;」（セミコロン）は区切りを意味しますが、入っていない場所もあるので注意してください。また。スクリプトはブランク（スペース）も含めてすべて半角英数文字で入力します。

■ 入力するスクリプト（右側は各スクリプトの意味です。意味は入力しないでください）

PROCEDURE Sample;	{ プログラムの開始 }
CONST	{ プログラムで使う定数の宣言 }
x=900;	{ 天板の幅 }
y=600;	{ 天板の奥行 }
z=700;	{ 脚の長さ }
a=50;	{ 脚の太さ }
b=50;	{ 天板の厚み }
BEGIN	{ プログラム本体の開始 }
BeginXtrd(z,z+b);	{ 天板の柱状体化開始 }
Rect(0,0,x,y);	{ 天板の平面図形 }
EndXtrd;	{ 天板の柱状体化終了 }
BeginXtrd(0,z);	{ 脚の柱状体化開始 }
Rect(0,0,+a,+a);	{ 脚1の平面図形 }
Rect(0,y,+a,y-a);	{ 脚2の平面図形 }
Rect(x,0,x-a,+a);	{ 脚3の平面図形 }
Rect(x,y,x-a,y-a);	{ 脚4の平面図形 }
EndXtrd;	{ 脚の柱状体化終了 }
END;	{ プログラム本体の終了 }
RUN (Sample);	{ プログラムの終了・実行 }

> **memo**
> 文法的なエラーがないかどうかは、スクリプト入力後に[スクリプトエディタ]の[コンパイル]ボタンで確認できます。

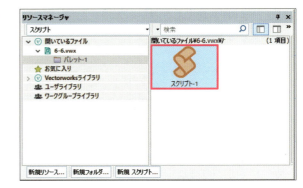

PROCEDURE

04 リソースマネージャと新規作成したパレットにスクリプト（ここでは「スクリプト-1」）が追加されます。[パレット-1]のスクリプト名をダブルクリックします。

05 スクリプトが実行されて、画面中央にテーブルモデルが作成されます。

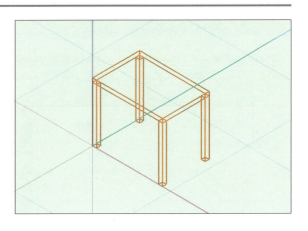

Technique No. ▶87

スクリプトでタイムスタンプ入力

前項に続けて、簡単なスクリプト入力を紹介します。このスクリプトは用紙の右上にタイムスタンプを入力するものです。VectorScriptで入力し、実行までの手順を示します。

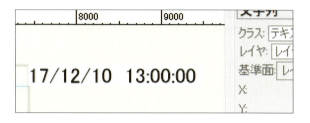

01 リソースマネージャを開き、[リソースタイプ]欄から[スクリプト]を選択し、[新規スクリプト]ボタンをクリックします。開いた[名前を付ける]ダイアログで任意の新規パレット名と新規スクリプト名を入力して[OK]をクリックします（前項参照）。

> **memo**
> 2016以前のバージョンは、リソースブラウザの[リソース]の▶から[新規]−[スクリプト]を選択してください。すでにパレットが作成済みの場合は、スクリプト名を付けるダイアログのみ表示されます（P177）。

02 [スクリプトエディタ]が表示されます。下記のスクリプトを正確に入力し、[OK]をクリックします。

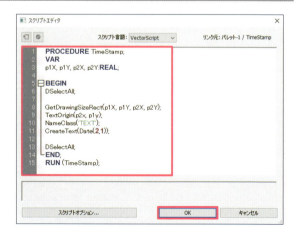

> **memo**
> 「;」(セミコロン)は区切りを意味しますが、入っていない場所もあるので注意してください。また、スクリプトはブランク(スペース)も含めてすべて半角英数文字で入力します。

■ **入力するスクリプト(右側は各スクリプトの意味です。意味は入力しないでください)**

```
PROCEDURE TimeStamp;                      {プログラムの開始}
VAR                                       {プログラムで使う変数の宣言}
p1X, p1Y, p2X, p2Y:REAL;                  {4つの変数を実数で使用}
BEGIN                                     {プログラム本体の開始}
DSelectAll;                               {全ての選択解除}
GetDrawingSizeRect(p1X, p1Y, p2X, p2Y);   {用紙大きさを取得}
TextOrigin(p2x, p1y);                     {テキスト日付の位置を指定}
NameClass('TEXT');                        {テキストのクラスを指定}
CreateText(Date(2,1));                    {日付をテキストで書出し}
DSelectAll;                               {全ての選択解除}
END;                                      {プログラム本体の終了}
RUN(TimeStamp);                           {プログラムの終了・実行}
```

> **memo**
> {テキスト日付の位置を指定}:この行のパラメータを変更すると文字の位置を変更できます。
> {日付をテキストで書出し}:この行を書き換えると別な情報の書き出しもできます。

03 リソースマネージャと新規作成したパレットにスクリプト(ここでは「スクリプト-1」)が追加されます。[パレット-1]のスクリプト名をダブルクリックすると用紙枠右上にタイムスタンプが入力されます。

Technique No. ▶ 88

ファイルからスクリプトを実行する

前項では[スクリプトエディタ]にスクリプトを入力して図形を描きましたが、スクリプトが書かれたテキストファイルを取り込んで実行することもできます。ここでは前項のスクリプトをテキストファイルとして保存した「SampleTable_VS.txt」を使って実行する方法を説明します。

01 [ファイル]メニューの[取り込む]−[スクリプト取り込み]を選択します。

02 [取り込むスクリプト]ダイアログが開きます。スクリプトが書かれた「SampleTable_VS.txt」を選択し、[開く]ボタンをクリックします。

03 スクリプトの実行結果が表示されます。ファイルからスクリプトを実行してもリソースには登録されません。

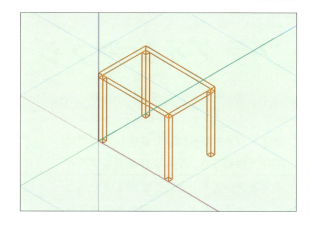

> **memo**
>
> ［ファイル］メニューの［取り出す］－［スクリプト取り出し］では、Vectorworksのデータをスクリプト形式でテキストファイルとして取り出すことができます。テキストファイル化されたスクリプトの実行は、［ツール］メニューの［プラグイン］－［スクリプトを実行］でも可能です。

> **column**
>
> ### Vectorworksでのプログラミングについて
>
> VectorworksはCADの機能をマウスやキーボードではなくプログラムで制御できる簡易的なプログラミング言語を持っています。図形選択マクロやデータベース検索の機能では直接プログラムを記述しなくても、半自動的にそのプログラムを生成し、Vectorworksはそのプログラムに従って一連の機能を動かしています。
>
> VectorworksはPascal言語をベースにした「VectorScript」でプログラミング可能なほか、近年、Python言語をベースにした「Pythonスクリプト」、ビジュアルプログラミング環境である「マリオネットツール」を搭載し、プログラミング環境の拡張・充実を図っています。特に「マリオネットツール」はテキストを打ち込むことなく、「ノード」と「ワイヤー」という図形を連結してプログラミングできるため、プログラミングの敷居を下げることが期待されています。
>
> プログラミングで図形を描く方法は、スクリプトによる描画とプラグインオブジェクトによる図形描画に大別できます。前者で描かれた図形は、「四角形」などの一般的な図形と同じ扱いです。スクリプトそのものはリソースとして扱われ、Vectorworksのデータファイルにそのリソースを含めたまま他のユーザーに渡すと、渡した相手もそのスクリプトを利用できます。後者で描かれた図形はスクリプトとの関連が持続しており、データパレットでパラメータを変更することができます。プラグインのスクリプト部分はVectorworksのデータファイルとは別に扱われ、スクリプト部分を持たないユーザーの環境では図形は表示されますが、パラメータを変更することができません。

Technique No. ▶89

プラグインオブジェクトを自作する

プラグインオブジェクトは、[プラグインマネージャ] から作成します。ここでは前項で作成した、テーブル図形をプラグインオブジェクトとして登録する方法を紹介します。なお、ここでの方法はプラグインオブジェクトを登録する方法になるため、登録したプラグインを実行するときは次項を参照してください。

01 [ツール] メニューの [プラグイン]－[プラグインマネージャ] を選択し、[プラグインマネージャ] ダイアログを開きます。[カスタムプラグイン] タブで [新規] ボタンをクリックします。

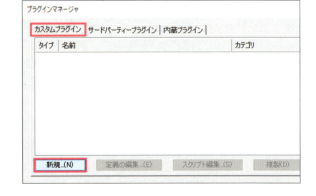

02 [新規作成] ダイアログが開きます。[スクリプトプラグインの名前] に任意の名前 (ここでは「SampleTable」) を入力し、[1点型オブジェクト] にチェックを入れて、[OK] をクリックします。

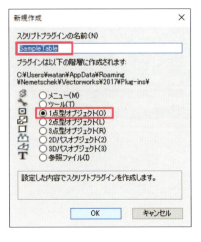

03 [プラグインマネージャ] ダイアログに戻ります。「SampleTable」が選択された状態で、[定義の編集] ボタンをクリックします。

04 [プラグイン定義の編集] ダイアログが開きます。[パラメータ] タブを選択し、[新規] ボタンをクリックします。開いた [フィールドの設定] ダイアログで次のように入力し、[OK] をクリックします。

- [パラメータの名前] = x
- [フィールド名] = Width
- [型] =「Number」を選択
- [初期値] = 900

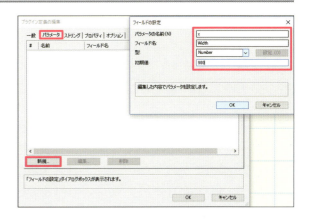

05 [プラグイン定義の編集] ダイアログに戻ります。同様にして [新規] ボタンをクリックして、「y」以下のパラメータを入力します。すべて入力したら [OK] をクリックします。

名称	フィールド名	型	初期値
x	Width	Number	900
y	Depth	Number	600
z	Height	Number	700
a	Column	Number	50
b	Board	Number	50

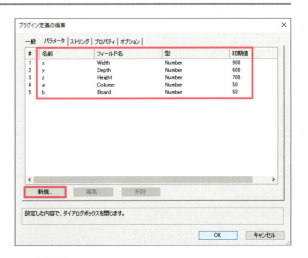

memo
ここで設定したパラメータをデータパレットでコントロールできるようになります。

06 [プラグインマネージャ]ダイアログに戻ります(前ページ参照)。「SampleTable」を選択した状態で、[スクリプト編集]ボタンをクリックします。開いた[スクリプトエディタ]に下記のスクリプトを正確に入力し、[OK]をクリックします。[プラグインマネージャ]ダイアログに戻ったら[閉じる]ボタンをクリックしてプラグインオブジェクトの登録は完了です。

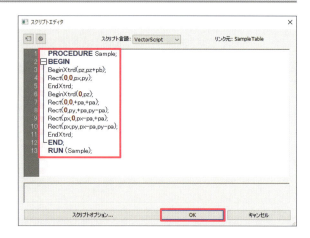

■ 入力するスクリプト（右側は各スクリプトの意味です。意味は入力しないでください）

PROCEDURE Sample;	{プログラムの開始}
BEGIN	{プログラム本体の開始}
BeginXtrd(pz,pz+pb);	{天板の柱状体化開始}
Rect(0,0,px,py);	{天板の平面図形}
EndXtrd;	{天板の柱状体化終了}
BeginXtrd(0,pz);	{脚の柱状体化開始}
Rect(0,0,+pa,+pa);	{脚1の平面図形}
Rect(0,py,+pa,py-pa);	{脚2の平面図形}
Rect(px,0,px-pa,+pa);	{脚3の平面図形}
Rect(px,py,px-pa,py-pa);	{脚4の平面図形}
EndXtrd;	{脚の柱状体化終了}
END;	{プログラム本体の終了}
RUN (Sample);	{プログラムの終了・実行}

> **memo**
> 「;」(セミコロン)は区切りを意味しますが、入っていない場所もあるので注意してください。また、スクリプトはブランク(スペース)も含めてすべて半角英数文字で入力します。

> **memo**
> スクリプトはP178で入力したものとほぼ同じですが、パラメータとして先に定義した変数・定数は宣言する必要がありません。また、パラメータとして定義した変数は、変数名の接頭文字「p」を付けて記述します。例えばパラメータ[x]の、スクリプト内変数名は[px]となります。

Technique No. ▶ 90

自作プラグインオブジェクトを実行する

前項でプラグインオブジェクトを登録しました。このプラグインオブジェクトを実行するにはパレットに組み込まなければなりません。[作業画面の編集]からプラグイン実行用のパレットを作成します。

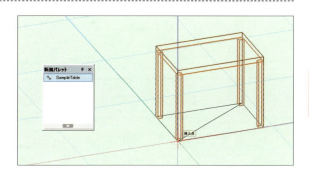

01 [ツール]メニューの[作業画面]-[作業画面の編集]を選択して、[作業画面]ダイアログを開きます。ここでは[VW2017 Fundamentals]を選択して[複製]ボタンをクリックし、作業画面を複製します。続けて、複製された「VW2017 Fundamentals コピー」を選択して、[編集]ボタンをクリックします。

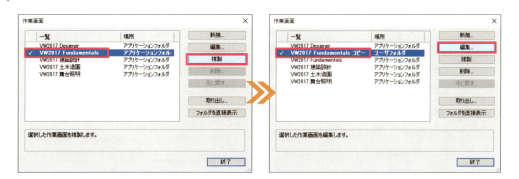

> **memo**
> デフォルトの作業画面は変更を加えないほうが無難です。そのため、ここでは作業画面をコピーして操作しています。

02 ［作業画面の編集］ダイアログが開きます。［ツール］タブを選択し、左側の［ツール］欄にある［新規パレット］を、右側の［パレット］欄へドラッグして、［パレット］欄に［新規パレット］を追加します。

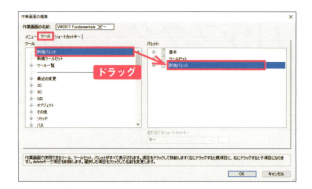

03 前項で登録した「SampleTable」のプラグインオブジェクトは、左側［ツール］欄の［その他］の中にあるので、この項目を選択し、右側［パレット］欄の［新規パレット］の中にある［サンプルツールセット］へドラッグして［SampleTable］を追加します。

04 ［作業画面の編集］ダイアログの［OK］をクリックすると、「作業画面のファイルは以下の場所に保存されました」のメッセージが表示されるので［OK］をクリックします。［作業画面］ダイアログに戻ったら、［終了］ボタンをクリックしてダイアログを閉じます。

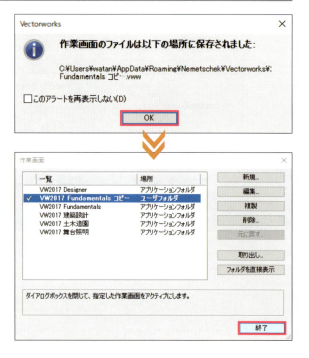

05 [ツール] メニューの [作業画面] － [VW2017 Fundamentals コピー] を選択して、作業画面を切り替えると、[新規パレット] が表示されています（表示されていない場合は、[ウインドウ] メニューの [パレット] －[新規パレット] を選択して [新規パレット] を表示します）。

06 パレットの「SampleTable」をダブルクリックして作業画面上に任意の位置をクリックすると、プラグインオブジェクトが挿入されます。その後、向きを調整して2度目のクリックをすると配置が確定します。

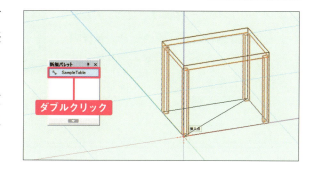

> **memo**
> 初回配置時には [生成]（または [プロパティ]）ダイアログが表示されますが、[キャンセル] ボタンをクリックしてダイアログを閉じます。

> **memo**
> 配置したプラグインオブジェクトのパラメータはデータパレットで変更できます。前項の [プラグイン定義の編集] ダイアログの [パラメータ] タブから定義した [フィールド名] がデータパレットのフィールド名として表示されます。
>
>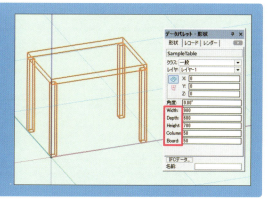

Technique No. ▶ 91

プラグインファイルの取り込み先

プラグインオブジェクトは、プログラムが書かれたプラグインファイルがないとパラメータが変更できません。プラグインファイルは、プラグインを管理している「Plug-ins」フォルダーに取り込みます。インターネットなどで配布されているプラグインファイルも、このフォルダーに取り込むのが一般的です。自作のプラグインもこのフォルダーにファイルが保存されます。

01 プラグインを格納して管理している場所を確認します。[ツール] メニューの [オプション]ー[環境設定] を選択し、[環境設定] ダイアログを開きます。[ユーザフォルダ] タブを選択し、[ユーザデータ/プレファレンスフォルダ] のパスを確認します。このフォルダーでユーザーのデータを管理しています。[フォルダを直接表示] ボタンをクリックします。

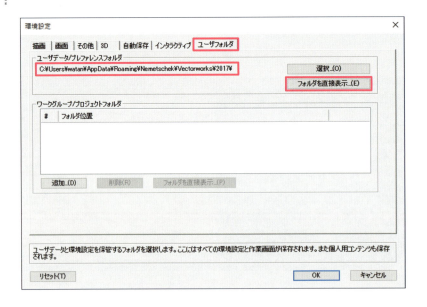

02 ［ユーザデータ / プレファレンスフォルダ］で指定されたフォルダーが開きます。「Plug-ins」フォルダーを開きます。

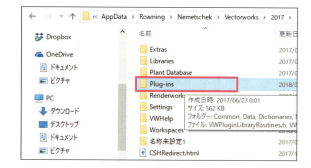

> **memo**
> 手順 01 で確認したパスに沿って Windows のエクスプローラーで所定のフォルダーを開くこともできますが、ユーザーフォルダー内にある「AppData」フォルダーは通常非表示フォルダーになっています。Windows 10 ではエクスプローラーの［表示］タブで［表示 / 非表示］の［隠しファイル］にチェックを入れて強制表示させる必要があります。

03 「Plug-ins」フォルダーが開きます。ここにプラグインファイルを保存します。P184 で自作したプラグインファイル「SampleTable.vso」もここに保存されています。このフォルダーに移動したプラグインファイルを Vectorworks に認識させるには、Vectorworks の再起動が必要です。
また、実際にプラグインを利用するときは、前項の方法で作業画面を編集し、パレットなどに組み込む必要があります。

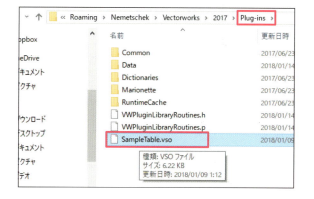

> **memo**
> プラグインファイルの拡張子は、プラグインオブジェクトの「.vso」のほか、プラグインメニューコマンドの「.vsm」、プラグインツールの「.vst」などがあります。

送付先FAX番号▶03-3403-0582　メールアドレス▶info@xknowledge.co.jp

FAX質問シート

VECTORWORKS ベストテクニック100

以下を必ずお読みになり、ご了承いただいた場合のみご質問をお送りください。

- ●「本書の手順通り操作したが記載されているような結果にならない」といった本書記事に直接関係のある質問にのみ回答いたします。「このようなことがしたい」「このようなときはどうすればよいか」など特定のユーザー向けの操作方法や問題解決方法については受け付けておりません。
- ●本質問シートでFAXまたはメールにてお送りいただいた質問のみ受け付けております。お電話による質問はお受けできません。
- ●本質問シートはコピーしてお使いください。また、必要事項に記入漏れがある場合は回答できない場合がございます。
- ●メールの場合は、書名とFAX質問シートの項目を必ずご記入のうえ、送信してください。
- ●ご質問の内容によっては回答できない場合や日数を要する場合がございます。
- ●パソコンやOSそのもの、ご使用の機器や環境についての操作方法・トラブルなどの質問は受け付けておりません。

ふりがな

氏名　　　　　　　　　　　　　　　年齢　　　歳　　　性別　**男**　・　**女**

回答送付先(FAX番号またはメールアドレスのいずれかをご記入ください)

FAX　・　メール

※送付先ははっきりとわかりやすくご記入ください。判読できない場合は回答いたしかねます。※電話による回答はいたしておりません

ご質問の内容(本書記事のページおよび具体的なご質問の内容)

※例)2-1-3の手順4までは操作できるが、手順5の結果が別紙画面のようになって解決しない。

[本書　　　　ページ　～　　　　ページ]

ご使用のパソコンの環境

Vectorworksのバージョンと、パソコンのメーカー名・機種名、OSの種類とバージョン、メモリ量、ハードディスク容量など(質問内容によっては必要ありませんが、環境に影響される質問内容で記入されていない場合はご回答できません)

chapter
5

外部データとの連携

Technique No. ▶92

JPEG と PNG、どちらで取り込めばよいか？

取り込んだ画像は JPEG か PNG で圧縮保持されます。どちらにするかは、画像の内容で決めましょう。JPEG は滑らかに色が変わる風景写真などに向き、PNG は直線的な要素やコントラストが強いドローイングに向いています。大きなサイズで印刷や表示をすることがなければ、サイズが小さくなるほうを選ぶのが無難です。以下では、同じ画像を JPEG、PNG それぞれで取り込んだときのファイルサイズと、圧縮による画像の劣化具合を比較します。画像の下のサイズはこの画像だけを読み込んだ場合の Vectorworks ファイルのサイズです。

カラー写真（JPEG、3,815 KB）を取り込んだ場合

● 明らかな相違はありません。よって、ファイルサイズの小さい JPEG 圧縮が向いています。

・JPEG

4,062 KB

・PNG

10.983 KB

白黒ドローイング（PNG、19KB）を取り込んだ場合

● 下地部分に JPEG 特有のノイズが出て、エッジが不鮮明に見えがちです。よって、ファイルサイズが小さく、かつ劣化のない PNG 圧縮が向いています。

・ JPEG

197 KB

・ PNG

128 KB

カラーのグラフィック（PNG、2,482 KB）を取り込んだ場合

● JPEG 特有のノイズが、ぼけた印象を与えます。よって、ファイルサイズが小さく、かつ劣化のない PNG 圧縮が向いています。

・ JPEG

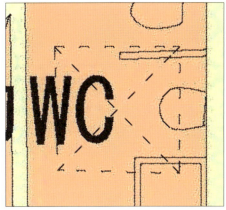

8,033 KB

・ PNG

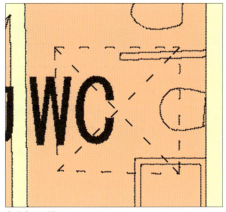

2,564 KB

Technique No. ▶ 93

スキャンデータを取り込むときの留意点

紙に印刷された地図や図面をスキャナで読み込んでから Vectorworks に取り込む場合は、スキャンしたデータの保存形式、取り込む際の圧縮方法、縮尺に留意しましょう。スキャナによって保存できる形式が異なります。可能ならば PDF がベストですが、できない場合は PNG（ピング）または TIFF（ティフ）にします。古いバージョンや Fundamentals で PDF 取り込みに対応していない場合は、PNG か TIFF を使ってください。

スキャンデータの保存形式

スキャンしたデータが地図や図面の場合は、PDF での保存をおすすめします。PDF で保存できないときは PNG（または TIFF）にします。

スキャンするときの色設定は、元図が白黒の場合は「グレースケール」、カラーの場合は「カラー」か「グレースケール」にしてください。「白黒２値」はディテールが失われるので使わないように。

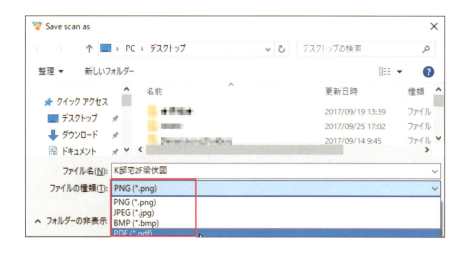

取り込む際の圧縮方法

スキャンデータは Vectorworks の作図画面にドラッグ＆ドロップして取り込みます。PDF の場合は、[PDF の取り込み] ダイアログが開き、[取り込む] ボタンをクリックするだけですが、PNG や TIFF などの画像データにしたときには、データサイズに留意して圧縮方法を選択しなくてはなりません。

グレースケールでスキャンした場合は Vectorworks のデータサイズに大差がないので、[イメージファイルの情報] ダイアログの [圧縮方法] で [PNG] を選択して取り込んでください。カラーでス

キャンした場合は、[PNG] で取り込むとサイズが巨大になってしまうことがあります。データサイズが大きくなりそうだったら [JPEG] を選択しましょう。

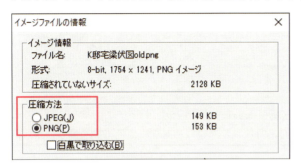

縮尺

ドラッグ＆ドロップしたデータは、アクティブレイヤに取り込まれます。データを取り込む前にアクティブレイヤの縮尺をスキャンデータの縮尺と同じにしておけば、取り込み後に正しいサイズになります。うっかり縮尺の設定を忘れた場合は、取り込み直すか、取り込んだ図を縮尺の分だけ拡大します。取り込み後に縮尺を合わせる方法を以下に記します。

01 取り込んだ図を選択して、[加工] メニューの [伸縮] を選択します。

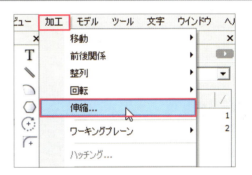

02 [伸縮] ダイアログで [同一に設定] を選択して [X-Y-Z 倍率] に倍率（ここでは「100」）を入力して [OK] をクリックします。

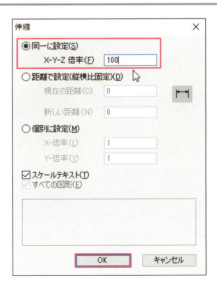

memo

倍率の数値には、元図の縮尺の値÷デザインレイヤの縮尺を入力します。例は元図が1/100、デザインレイヤが1/1なので、100÷1＝100を入力しています。

03 アクティブレイヤの縮尺を適切な縮尺に設定します（ここでは1：100）。これで取り込んだデータとVectorworksの縮尺が合いました。

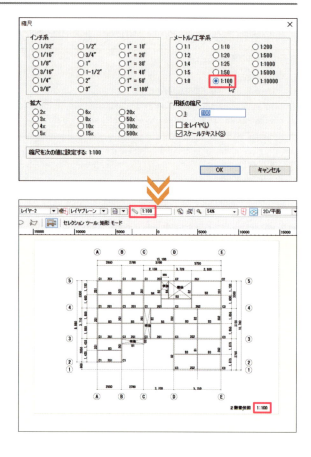

> **memo**
>
> 他にも次のような注意点があります。
> ・取り込んだ地図や図面は画像データなので、図上の点へのスナップはできません。
> ・スマートフォンのカメラでPNGやPDFで保存できる場合がありますが、この場合は元図のサイズ情報がないので、縮尺や寸法が狂います。このような場合は、次項の「画像として取り込んだ地図の縮尺を合わせる」の方法を使ってください。

Technique No. ▶ 94

画像として取り込んだ地図の縮尺を合わせる

地図を画像として取り込み、Vectorworks上で縮尺を合わせます。縮尺合わせの目安として、取り込んだ画像にスケールバーが表示されていることが条件です。

01 スケールバーが表示されている地図の画像ファイルをVectorworksにドラッグ＆ドロップで取り込みます。[イメージファイルの情報] ダイアログで [圧縮方法] を選択し、[OK] をクリックします。

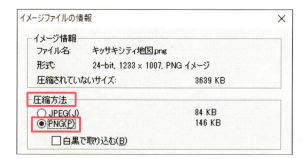

memo
画像が白黒の線図なら、PNGの方が画像が鮮明なうえ、サイズが小さくなるケースが多いので、原則的にはPNGで取り込みましょう。一方、カラーでベタ塗りの地図は、PNGではファイルサイズが大きくなって、PCのパフォーマンスが低いと（CPUクロックが低い場合やメモリが少ない場合）動作が不安定になることがあるので、JPEGで取り込んだ方が安全です。

02 地図のスケールバーの部分を拡大表示します。[縦横寸法ツール] でスケールバーの寸法を記入します。

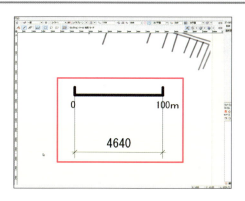

03 地図画像と寸法を選択して、[加工] メニューの [伸縮] を選択します。[伸縮] ダイアログの [同一に設定] を選択し、[X-Y-Z 倍率] で「100000/4640」と入力して [OK] をクリックします。

memo
入力値は、(スケールバー上の数値)／(寸法線の数値) です。このとき、必ず単位を揃えるようにしてください。

04 スケールバーの縮尺が図面の縮尺と合いました。

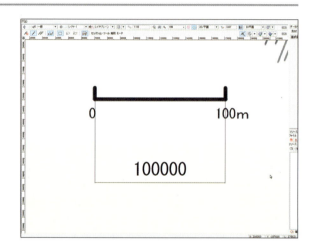

memo
伸縮後の寸法値がスケールバーの数値と完全に一致する必要はありません。そもそも元の地図に誤差が含まれていたり、スケールバーの寸法も目分量で引いた時点で誤差を含んでいるため、± 1000mm 程度の相違であれば十分だと考えましょう。大きくずれていた場合は入力値を間違えている場合があるので、手順 03 からやり直してください。また、完璧に正しい数値にしたい場合は、この方法は使えないことにも留意してください。

Technique No. ▶ 95

長い文字列はテキストエディタやPDFを利用

図面名称など短いテキストは［文字ツール］で入力すればよいのですが、設計趣旨や説明文などの長い文章は、テキストエディタで書いてから、Vectorworksにコピー&ペーストする方が楽です。また、複雑な文字装飾などを施したいときは、Wordなどで文書を作成してからPDF保存し、そのPDFをVectorworksに取り込む方法が便利です。ただし、FundamentalsはPDFの取り込みに対応していません。

短い文字列	長い文字列	レイアウトに気を使う場合
・Vectorworksの文字ツールで入力	・テキストエディタで入力 ・Vectorworksにコピー&ペースト	・ワープロでレイアウトまで作成し、PDFで保存 ・VectorworkでPDFを取り込む

chapter 5 外部データとの連携

テキストエディタの利用

01 テキストエディタ（Windowsは「メモ帳」、Macは「テキストエディット」など）を開き、文章を作成してコピーします。

02 Vectorworksの［文字ツール］を選択し、適当な幅のテキストボックスを作ってペーストします。

03 [セレクションツール] に切り替えて、テキストボックスを選択し、データパレットで [フォント] や [サイズ] を設定して文字のレイアウトを調整します。

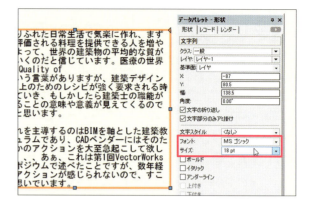

PDFの利用（上位版）

01 最初にVectorworksで文字を配置する部分のサイズをチェックします（例は縦80mm、横130mm）。

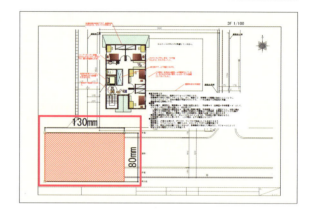

02 Wordで [ページ設定] ダイアログを表示し、[用紙] タブの [用紙サイズ] を **01** の寸法にします。[余白] タブで余白を適宜調整し、ここでは [印刷の向き] を [横] に設定します。

> **memo**
> 余白をゼロにすると枠いっぱいに文字を入力できます。

Technique No. ▶ 95

長い文字列はテキストエディタやPDFを利用

図面名称など短いテキストは［文字ツール］で入力すればよいのですが、設計趣旨や説明文などの長い文章は、テキストエディタで書いてから、Vectorworksにコピー＆ペーストする方が楽です。また、複雑な文字装飾などを施したいときは、Wordなどで文書を作成してからPDF保存し、そのPDFをVectorworksに取り込む方法が便利です。ただし、FundamentalsはPDFの取り込みに対応していません。

短い文字列	長い文字列	レイアウトに気を使う場合
・Vectorworksの文字ツールで入力	・テキストエディタで入力 ・Vectorworksにコピー＆ペースト	・ワープロでレイアウトまで作成し、PDFで保存 ・VectorworkでPDFを取り込む

テキストエディタの利用

01 テキストエディタ（Windowsは「メモ帳」、Macは「テキストエディット」など）を開き、文章を作成してコピーします。

02 Vectorworksの［文字ツール］を選択し、適当な幅のテキストボックスを作ってペーストします。

03 [セレクションツール]に切り替えて、テキストボックスを選択し、データパレットで[フォント]や[サイズ]を設定して文字のレイアウトを調整します。

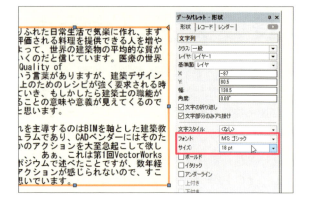

PDFの利用（上位版）

01 最初にVectorworksで文字を配置する部分のサイズをチェックします（例は縦80mm、横130mm）。

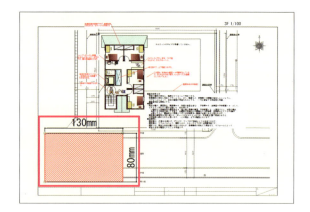

02 Wordで[ページ設定]ダイアログを表示し、[用紙]タブの[用紙サイズ]を01の寸法にします。[余白]タブで余白を適宜調整し、ここでは[印刷の向き]を[横]に設定します。

> **memo**
> 余白をゼロにすると枠いっぱいに文字を入力できます。

03 Wordで文字飾りを施した文章を作成し、PDF形式で保存します。

04 作成したPDFをVectorworksにドラッグ＆ドロップして取り込んで、位置を調整します。

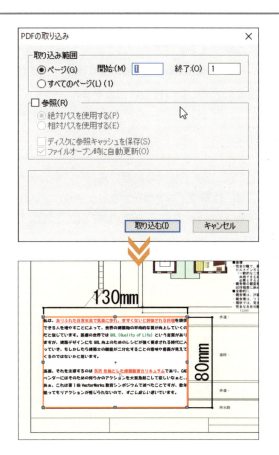

memo

データをやり取りするときに、PDFなら相手方でも同じように表示できますが、文字ツールで入力していた場合は、相手方がフォントを持っていなければ、レイアウトが崩れたり文字化けしたりします。また、PDFで貼り付けた文章は修正が効かないため、元ファイルのWordで編集しなくてはなりません。修正がありそうな場合は元のWordファイルを保存しておくようにしましょう。

Technique No. ▶ 96

PDFの図面を読み込む

PDFは印刷した図面と同じ状態のものなので、大雑把に言えば、PDFをやり取りすることは、紙の図面をやり取りするのと同じです。取り込んだPDFは、Vectorworksの中では画像を取り込んだときと同じように扱えます。PDFの図面を読み込む場合は、あらかじめ縮尺を合わせておくことがポイントです。
なお、FundamentalsではPDF取り込みができないため、この機能は使えません。

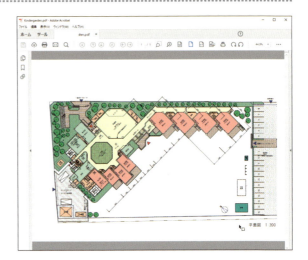

01 PDFファイル内の図面の縮尺と、Vectorworksのデザインレイヤの縮尺を揃えておきます。作業ウィンドウを右クリックし、コンテキストメニューから[縮尺]を選択します。[縮尺]ダイアログでPDF図面の縮尺(ここでは1:200)を選択し、[OK]をクリックします。

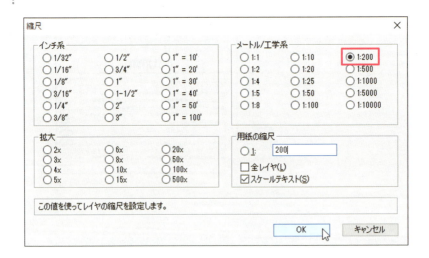

02 PDFファイルをVectorworksの作図ウィンドウにドラッグ&ドロップして、取り込みます（ドラッグ&ドロップに対応していないバージョンでは［ファイル］メニューの［取り込む］－［PDF取り込み］を選択します）。［PDFの取り込み］ダイアログが開いたら［取り込む］ボタンをクリックしてPDFを取り込みます。

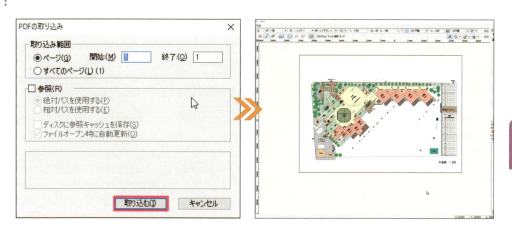

03 確認のため、どこかの寸法を取ってみます。PDF上の端点はスナップできないので、ほとんど同じ数値になっていれば大丈夫です。

> **memo**
> FundmentalsはPDFの取り込みができないため、PDFでもらった図面をVectorworksで開きたいときは、画像に変換するしかありません。Adobe ReaderでPDFを開き、［ファイル］メニューの［書き出し形式］－［画像］－［PNG］を実行して、適切なファイル名をつけて画像保存してください。PNGファイル書き出し時の設定はとくにいじらなくてもかまいませんが、解像度を高くしておくと、Vectorworksに取り込んだときにきれいです。

chapter 5　外部データとの連携

Technique No. ▶97

DXFデータを取り込む

他のCADで作成したDXFデータをVectorworksに取り込むことができます。取り込みは[DXF/DWG（単一）取り込み]コマンドで実行します。この時の注意点はレイヤ変換です。デフォルトではDXFのレイヤがクラスに変換されます。ユーザーによってはレイヤ→レイヤに変換されるように設定変更される方もいますが、Vectorworksでは他のCADでのレイヤ機能に近いのはクラスのため（P008）、デフォルトの[クラスに変換]のままにしておくことをおすすめします。

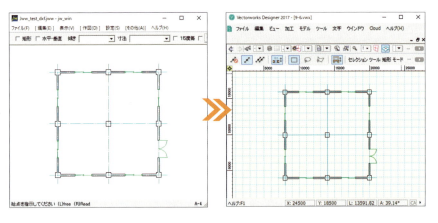

01 ここではJw_cadのDXFデータを取り込んでみます。[ファイル]メニューの[取り込む]－[DXF/DWG（単一）取り込み]を選択し、[取り込むDXF/DWG]ダイアログでJw_cadで作成されたdxfファイルを選択して[開く]ボタンをクリックします。

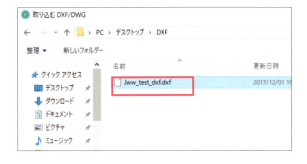

02 [DXF/DWGの取り込み]ダイアログが開きます。[基本設定]タブの[モデル空間の縮尺]で、[縮尺変更]にチェックを入れます。[縮尺]ボタンをクリックして元データの縮尺に合わせます。

03 [グラフィック属性] タブの [クラス / レイヤ] で、画層を [クラスに変換] するか、[レイヤに変換] するかを選択できます。ここは [クラスに変換] のまま、[OK] をクリックします。

04 変換中に [線の色を太さに置き換え] や [フォントの置き換え] ダイアログが表示されますが、とりあえず無視して [OK] をクリックします。「取り込みに成功しました。」のメッセージが表示されたら [OK] をクリックして取り込みが完了です。

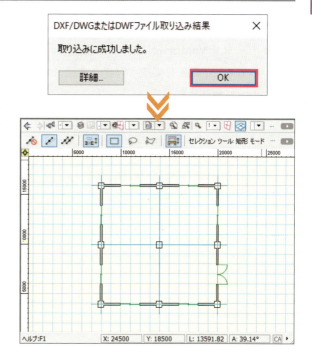

05 [オーガナイザ] ダイアログで [クラス] タブを確認すると、クラス名「▼ _0」が Jw_cad でのレイヤグループ 0、その下のサブクラスが Jw_cad でのレイヤ番号に相当しています。

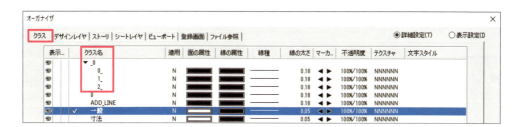

Technique No. ▶ 98

取り込む前にJw_cadで処理すると良いこと

Jw_cadで作成されたDXFデータをVectorworksに読み込むと、大変に扱いにくいデータになることがあります。原因はさまざまですが、Jw_cad上でレイヤや線分の整理をしてからDXFを作成すると、Vectorwork上でのデータ処理が少なくなる場合があります。根本的にデータの成り立ちが異なるため、Jw_cadデータをVectorworksに読み込むといっても、下図として使う程度の意識でいた方が無難です。

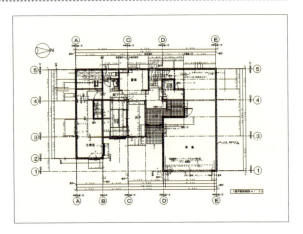

線の重なりや途切れを整理する

01 Jw_cadですべてを選択してから、[編集] メニューの [データ整理] (または [整理] ボタン) を選択します。

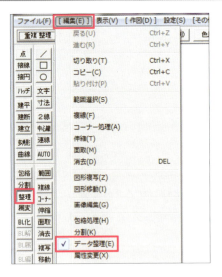

02 作業ウィンドウ上部の [重複整理] ボタンや [連結整理] ボタンをクリックし、線の整理を行います。

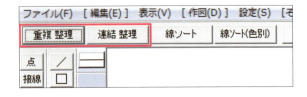

03　線の整理を行ったDXFデータをVectorworksで読み込むと、整理する前よりも図形の数が少なくなります。

線色と線種の組み合わせでレイヤ分け

01　Jw_cadは印刷時の線の太さを色で示すので、線色と線種によって要素（壁や躯体など）を描き分けている場合が多いです。Vectorworksで読み込む場合は、Jw_cadで［属性変更］などを使い、線色と線種の組み合わせでレイヤとレイヤグループを振り分けます。

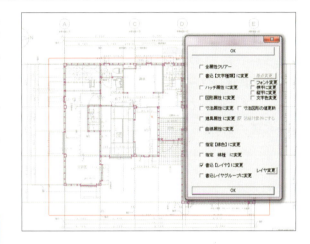

memo
もっとも、これで100％うまくいくわけではないので、完璧を目指さないようにしてください。

02　整理したDXFデータをVectorworksで読み込みます。Jw_cadのレイヤは、Vectorworksではクラスとして読み込む（P206）ので、クラス一覧を表示します。Jw_cadで事前にレイヤを整理しておくと、Vectorworksのクラス分けもすっきりします。

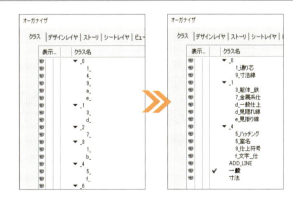

memo
Jw_cadでやり残した箇所は、Vectorworksで図形選択マクロ（P062）を使って、線色や線種ごとに線分を選択しながら、クラスを振り分けて行きます。このときクラスのグラフィック属性を設定しておくと（P008）、画面上で見分けやすくなると同時に、後々の使い勝手が向上します。

Technique No. ▶ 99

Excel とワークシートの使い分け

Vectorworks のワークシートは図形データベースから情報を取り出し、簡単な表計算などが行えますが、表計算の操作性については Excel のほうが圧倒的に優れています。Excel を CSV 形式で書き出せば、Vectorworks への取り込みは可能ですが、完全に再現できない場合も多いです。このため、表として体裁を整えるには、ワークシートに書き出したデータを Excel で整え、再びワークシートに戻す方法をおすすめします。

01 ここでは Vectorworks のワークシートのデータベース機能で全図形の体積を取り出した例を使います。集計用に部位名をレイヤで、部材名をクラスで管理しています。Vectorworks のワークシートのデータをコピーします。

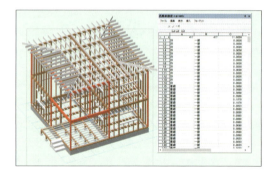

02 Excel を開き、コピーしたデータをペーストします。Excel で必要なデータを選別して集計したら、集計結果のデータをコピーします。

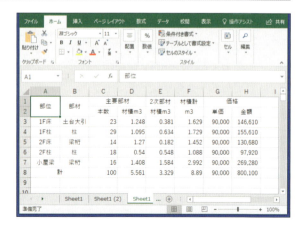

memo
Excel と Vectorworks のワークシート間のコピー&ペーストでは、数式や関数などは互換性がなく、値のやり取りしかできないので注意しましょう。

03 Vectorworksに戻り、新規のワークシートにコピーしたExcelのデータをペーストします。セルの幅や高さ、文字の配列や枠線などを表示用に調整します。

04 リソースマネージャ（2016以前のバージョンではリソースブラウザ）の当該ワークシートのアイコンを右クリックし、表示されたメニューから［図形モード］を選択して図中に配置します。

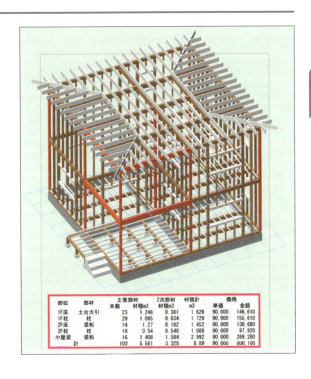

Technique No. ▶ 100

困ったときの情報収集

操作方法がわからないときに、うまく情報収集できない人が意外と多いようです。ここでは、操作がわからないとき、トラブルが生じたとき、VectorScriptについて知りたいときの3つの場合について、得られる回答の確実性が高い順に情報収集の方法を紹介します。なお、すべてについて「身近な人に質問する」ことから始め、それでは満足な答えを得られなかった場合に、以下を参考にしてください。

操作がわからないとき

①付属のマニュアルやヘルプで探す
② YouTube で探してみる
もし見つかれば、動画での解説なのでわかりやすいはずです。
③「Vectorworks 機能名や操作したい内容」として検索してみる
「ベクター」で検索するのはおすすめしません。また、見つかった情報が、自分が使っているバージョンと同じかどうかも確認しましょう。
④各地のユーザークラブ（Vectorworks倶楽部など）サイトで質問してみる
このとき、VectorworksのバージョンやOSなどの作業環境を併記します。
⑤質問サイトで質問してみる
留意点は④と同じです。しかし、答えたがり屋さんが無責任でいい加減な答えを返す場合もあるので、鵜呑みにしないことを勧めます。

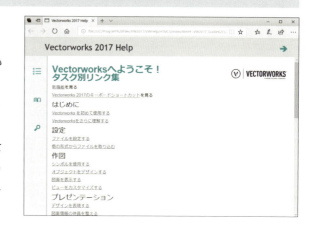

トラブルが生じたとき

①エーアンドエー株式会社のホームページで「サービス＆サポート」の「製品別 Q&A」を確認

同時に自分の使用環境が、「製品別動作環境」に合致しているかも確認してください。とくに OS とグラフィックスは重要です。

②①で情報が得られなかった場合や、動作環境が合致しなかった場合は、サポートに連絡する

サポートに連絡する前に上記ホームページで、自分が使っているバージョンがサポート対象かどうかを確認してください。

> **memo**
> 残念ながらサポートが終了していた場合の苦肉の策として、「操作がわからないとき」の④、⑤の利用が考えられます。しかし、正規のサポート以外で得られる情報は、個人の体験談にすぎない場合があり、トラブルをさらにこじらせる恐れもあります。不安な場合は利用しないほうがよいでしょう。

VectorScript について知りたいとき

①「ScriptFunctionReference」を参照する

Vectorworks のインストールフォルダーにある「VWHelp」→「Script Reference」の中にあります。

> **memo**
> 古いバージョンは、「VSFunction Reference」を参照します。デスクトップにショートカットを作っておくと次から参照するときに便利です。

②「VectorScript （知りたい関数や機能）」で検索してみる

日本語より英語ページの方が充実しているため、日本語以外も検索結果に表示されるように設定しておきます。説明の英文を読めなくても、例示されているスクリプトを見れば、何となくわかる場合が多いです。

> **memo**
> VectorScript には、バージョン違いで動作しないコマンドがあります。対応バージョンは、「ScriptFunctionReference」に記載されている場合があります。

Appendix ▶Vectorworksのショートカットキー

ツールのショートカット

基本パレット

ツール	Windows	Mac
セレクション	X	X
パン	H	H
用紙移動	Alt + Z	Option + Z
フライオーバー	Shift + C	Shift + C
拡大表示	C	C
文字	1	1
引出線	Alt + 1	Option + 1
2D 基準点	0（ゼロ）	0（ゼロ）
シンボル	Alt + 0（ゼロ）	Option + 0（ゼロ）
直線	2	2
ダブルライン	Alt + 2	Option + 2
四角形	4	4
隅の丸い四角形	Alt + 4	Option + 4
円	6	6
長円	Alt + 6	Option + 6
円弧	3	3
四分円	Alt + 3	Option + 3
フリーハンド	Alt + 5	Option + 5
曲線	5	5
多角形	8	8
三角形	Shift + T	Shift + T
ダブルライン多角形	Alt + 8	Option + 8
正多角形	Alt + Shift + R	Option + Shift + R
渦巻き	Alt + Shift + S	Option + Shift + S
アイドロッパ	Shift + E	Shift + E
表示設定	V	V
属性マッピング	Shift + A	Option + A
変形	-（ハイフン）	-（ハイフン）
回転	Alt + ;（セミコロン）	Option + ^
ミラー反転	;（セミコロン）	^
切断	L	L
結合／合成	Alt + L	Option + L
トリミング	Alt + Shift + L	Option + Shift + L
フィレット	7	7
面取り	Alt + 7	Option + 7
オフセット	Shift + -（ハイフン）	Shift + -（ハイフン）
消しゴム	Shift + N	Option + C
ポイント間複製	Shift + M	Shift + M

壁または建物ツールセット

ツール	Windows	Mac
壁	9	9
円弧壁	Alt + 9	Option + 9
壁結合	Alt + J	Option + J

3D ツールセット

ツール	Windows	Mac
フライオーバー	Shift + C	Shift + C
ワーキングプレーン設定	Shift + 1	Shift + 1
ワーキングプレーンに揃える	Alt + Shift + 1	Option + Shift + 1
プッシュ／プル	Shift + R	Shift + R
3D 基準点	Shift + 0（ゼロ）	Shift + 0（ゼロ）
NURBS 曲線	Shift + 7	Shift + 7
球	Shift + 3	Shift + 3
半球	Alt + Shift + 3	Option + Shift + 3
3D フィレット	Shift + F	Shift + F
3D 面取り	Shift + J	Shift + J
シェルソリッド	Shift + G	Shift + G
多段曲面	Shift + K	Shift + K
抽出	Shift + L	Shift + L
等間隔輪切り	Shift + H	Shift + H
投影	Shift + :（コロン）	Shift + ;（セミコロン）
NURBS 情報	Shift + ^	Shift + A

ビジュアライズツールセット

ツール	Windows	Mac
フライオーバー	Shift + C	Shift + C
ウォークスルー	Shift + U	Shift + U
視点移動	Shift + V	Shift + V
視点回転	Shift + W	Shift + W
光源	Shift + Z	Shift + Z
属性マッピング	Shift + A	Option + A

寸法／注釈ツールセット

ツール	Windows	Mac
縦横寸法	N	N
斜め寸法	M	M
角度寸法	.（ピリオド）	.（ピリオド）
円寸法	,（カンマ）	,（カンマ）

メニューコマンドのショートカット

ファイルメニュー

コマンド	Windows	Mac
新規	Ctrl + N	Cmd + N
開く	Ctrl + O	Cmd + O
閉じる	Ctrl + W	Cmd + W
保存	Ctrl + S	Cmd + S
用紙設定	Ctrl + Alt + P	Cmd + Option + P
プリント	Ctrl + P	Cmd + P
終了	Alt + F4 または Ctrl + Q	Cmd + Q

編集メニュー

コマンド	Windows	Mac
取り消し	Ctrl + Z	Cmd + Z
やり直し	Ctrl + Y	Cmd + Y
カット	Ctrl + X	Cmd + X
コピー	Ctrl + C	Cmd + C
ペースト	Ctrl + V	Cmd + V
ペースト（同位置）	Ctrl + Alt + V	Cmd + Option + V
複製	Ctrl + D	Cmd + D
配列複製	Ctrl + Shift + Alt + D	Cmd + Shift + Option + D
すべてを選択	Ctrl + A	Cmd + A

ビューメニュー

コマンド	Windows	Mac
ズーム - 原寸で見る	Ctrl + 3	Cmd + 3
ズーム - 用紙全体を見る	Ctrl + 4	Cmd + 4
ズーム - 図形全体を見る	Ctrl + 6	Cmd + 6
他のクラスを - 非表示	Ctrl + Shift + Alt + 3	Cmd + Shift + Option + 3
他のクラスを - グレイ表示	Ctrl + Shift + Alt + 4	Cmd + Shift + Option + 4
他のクラスを - グレイ表示＋スナップ	Ctrl + Shift + Alt + 5	Cmd + Shift + Option + 5
他のクラスを - 表示	Ctrl + Shift + Alt + 6	Cmd + Shift + Option + 6
他のクラスを - 表示＋スナップ	Ctrl + Shift + Alt + 7	Cmd + Shift + Option + 7
他のクラスを - 表示＋スナップ＋編集	Ctrl + Shift + Alt + 8	Cmd + Shift + Option + 8
他のレイヤを - 非表示	Ctrl + Alt + 3	Cmd + Option + 3
他のレイヤを - グレイ表示	Ctrl + Alt + 4	Cmd + Option + 4
他のレイヤを - グレイ表示＋スナップ	Ctrl + Alt + 5	Cmd + Option + 5
他のレイヤを - 表示	Ctrl + Alt + 6	Cmd + Option + 6
他のレイヤを - 表示＋スナップ	Ctrl + Alt + 7	Cmd + Option + 7
他のレイヤを - 表示＋スナップ＋編集	Ctrl + Alt + 8	Cmd + Option + 9
ビュー-2D／平面	Ctrl + 5	Cmd + 5
レンダリング - ワイヤーフレーム	Ctrl + Shift + W	Cmd + Shift + W
レンダリング - OpenGL	Ctrl + Shift + G	Cmd + Shift + G

コマンド	Windows	Mac
レンダリング -RW- 仕上げレンダリング	Ctrl + Shift + F	Cmd + Shift + F
レンダリング -VW- 陰線消去レンダリング	Ctrl + Shift + E	Cmd + Shift + E
レンダリング -VW- 陰線表示レンダリング	Ctrl + Shift + D	Cmd + Shift + D
レンダリング -VW- 仕上げシェイドレンダリング	Ctrl + Shift + P	Cmd + Shift + P
アングルを決める	Ctrl + 0（ゼロ）	Cmd + 0（ゼロ）
統合ビュー	Ctrl + Alt + L	Cmd + Option + L
投影図ビューポートを作成	Ctrl + Shift + M	Cmd + Shift + M
次の画面	Ctrl + Shift + .（ピリオド）	Cmd + Shift + .（ピリオド）
前の画面	Ctrl + Shift + ,（カンマ）	Cmd + Shift + ,（カンマ）

加工メニュー

コマンド	Windows	Mac
移動	Ctrl + M	Cmd + M
モデルを移動	Ctrl + Alt + M	Cmd + Option + M
最前へ	Ctrl + F	Cmd + F
前へ	Ctrl + Alt + F	Cmd + Option + F
最後へ	Ctrl + B	Cmd + B
後ろへ	Ctrl + Alt + B	Cmd + Option + B
グリッドに揃える	Ctrl + -（ハイフン）	Cmd + -（ハイフン）
整列	Ctrl + @	Cmd + @
モデルを整列	Ctrl + Shift + @	Cmd + Shift + @
左 90°	Ctrl + L	Cmd + L
右 90°	Ctrl + Shift + R	Cmd + Shift + R
水平反転	Ctrl + Shift + H	Cmd + Shift + H
垂直反転	Ctrl + Shift + V	Cmd + Shift + V
マウスクリックでワーキングプレーンを設定	Ctrl + :	Cmd + :
線分を切断	Ctrl + T	Cmd + T
結合（直）	Ctrl + J	Cmd + J
結合（R）	Ctrl + Alt + J	Cmd + Option + J
結合（T）	Ctrl + Shift + J	Cmd + Shift + J
貼り合わせ	Ctrl + Shift + Alt + A	Cmd + Shift + Option + A
切り欠き	Ctrl + Shift + Alt + C	Cmd + Shift + Option + C
抜き取り	Ctrl + Shift + Alt + I	Cmd + Shift + Option + I
図形を合成（旧：線分を合成）	Ctrl + Shift + Alt + P	Cmd + Shift + Option + P
グループに変換	Ctrl + K	Cmd + K
メッシュに変換	Ctrl + Alt + R	Cmd + Option + R
3D 多角形に変換	Ctrl + Alt + O	Cmd + Option + O
NURBS に変換	Ctrl + Alt + N	Cmd + Option + N
グループ	Ctrl + G	Cmd + G
グループ解除	Ctrl + U	Cmd + U
編集モードに入る	Ctrl + [	Cmd + [
編集モードを出る	Ctrl +]	Cmd +]
補助グリッド - 表示	Ctrl + Alt + G	Cmd + Option + G

	Windows	Mac
補助グリッド - 隠す	Ctrl + Shift + Alt + G	Cmd + Shift + Option + G
モデルを元に戻す	Ctrl + Shift + 0（ゼロ）	Cmd + Shift + 0（ゼロ）

モデルメニュー

コマンド	Windows	Mac
噛み合わせる	Ctrl + Alt + A	Cmd + Option + A
削り取る	Ctrl + Alt + S	Cmd + Option + S
重なった部分を残す	Ctrl + Alt + I	Cmd + Option +H
曲面で切断	Ctrl + Alt + T	Cmd + Option + T
柱状体	Ctrl + E	Cmd + E
多段柱状体	Ctrl + Alt + E	Cmd + Option + E
3D パス図形	Ctrl + Alt + X	Cmd + Option + X
錐状体	Ctrl + Alt + U	Cmd + Option + U
回転体	Ctrl + Alt + W	Cmd + Option + W
面フィレットを生成	Ctrl + Alt + Y	Cmd + Option + Y
蓋を生成	Ctrl + Alt + Q	Cmd + Option + Q
曲線から NURBS 曲面を生成	Ctrl + Alt + K	Cmd + Option + K

ツールメニュー

コマンド	Windows	Mac
オーガナイザ	Ctrl + Shift + O	Cmd + Shift + O
ユーザ原点指定	Ctrl + 9	Cmd + 9
スマートカーソル設定	Ctrl + 8	Cmd + 8
プラグインマネージャ	Ctrl + Shift + Z	Cmd + Shift + Z
現在の作業画面を編集	Ctrl + Shift + Alt + W	Cmd + Shift + Option + W

文字メニュー

コマンド	Windows	Mac
文字設定	Ctrl + Shift + T	Cmd + Shift + T

ウインドウメニュー

コマンド	Windows	Mac
パレット - スナップパレット	Ctrl + Shift + C	Cmd + Shift + C
パレット - 属性パレット	Ctrl + Shift + A	Cmd + Shift + A
パレット - データパレット	Ctrl + I	Cmd + I
パレット - ワーキングプレーンパレット	Ctrl + Shift + K	Cmd + Shift + K
パレット - リソースマネージャ	Ctrl + R	Cmd + R
パレット - ナビゲーションパレット	Ctrl + Shift + N	Cmd + Shift + N
パレット - ビジュアライズパレット	Ctrl + Shift + Alt + V	Cmd + Shift + Option + V
パレット - データパレットを選択	Ctrl + Alt + C	Cmd + Option + C

その他のショートカット

ツールバーでのモードの切り替え

最初のグループ	U
2番目のグループ	I（大文字のi）
3番目のグループ	O
4番目のグループ	P
5番目のグループ	[
6番目のグループ	]

その他のキー

スクリーンヒント表示／非表示	Y
直前のクリックに関連する図形からの角度	/
フローティング起点	G
スナップルーペ	Z
スマートポイント、スマートエッジ、ベクトルロック	T
オートマティックワーキングプレーン	:（コロン）
スナップを一時無効	@
X線選択モード	B
同位置図形を選択	J
多角形、曲線、一連の壁、パス図形を閉じる	K

スナップパレット設定の切り替え

グリッドスナップ	A（AA＝グリッドの設定ダイアログボックス）
角度スナップ	S（SS＝角度スナップダイアログボックス）
スマートポイント	D（DD＝スマートポイントダイアログボックス）
スマートエッジ（2Dのみ）	F（FF＝スマートエッジダイアログボックス）
ワーキングプレーンへのスナップ（3Dのみ）	F
図形スナップ	Q（QQ＝3Dスナップの設定ダイアログボックス）
交点スナップ	W
定点スナップ	E（EE＝定点スナップダイアログボックス）
接線スナップ（2Dのみ）	R

矢印キーショートカット

機能	Windows	Mac
アクティブなレイヤの切り替え	Ctrl＋矢印キー（上下）	Cmd＋矢印キー（上下）
アクティブなクラスの切り替え	Ctrl＋矢印キー（左右）	Cmd＋矢印キー（左右）
画面移動	矢印キー	矢印キー
ナッジ（ピクセル毎）	Shift＋矢印キー	Shift＋矢印キー
ナッジ（距離を設定）	Shift＋Ctrl＋矢印キー	Shift＋Cmd＋矢印キー

その他のキーショートカット ※作業画面での割り当て変更はできません

機能	Windows	Mac
別のツールを一時的にアクティブに	別のツールを選択して使用する間、スペースキーを押し続ける	別のツールを選択して使用する間、スペースキーを押し続ける
セレクションツールを一時的にアクティブに	オブジェクトを選択する間、Alt を押し続ける（回転、ミラー、オフセット、消しゴム、ポイント間複製の各ツール）	オブジェクトを選択する間、Cmd を押し続ける（回転、ミラー、オフセット、消しゴム、ポイント間複製の各ツール）
フライオーバーツールを一時的にアクティブに	Ctrl ＋マウスのホイールボタンを押し続ける	Ctrl ＋マウスのホイールボタンを押し続ける
拡大表示ツールを一時的にアクティブに	スペースキー＋ Ctrl を押し続ける（拡大表示）、またはスペースキー＋ Ctrl ＋ Alt を押し続ける（縮小表示）	スペースキー＋ Cmd を押し続ける（拡大表示）、またはスペースキー＋ Cmd ＋ Option を押し続ける（縮小表示）
移動中、選択していないオブジェクトを非表示にする	Ctrl を押し続ける（フライオーバー、ウォークスルー、視点移動、視点回転の各ツール）	Cmd を押し続ける（フライオーバー、ウォークスルー、視点移動、視点回転の各ツール）
2 倍に拡大表示する	Ctrl ＋ 1	Cmd ＋ 1
2 分の 1 に縮小表示する	Ctrl ＋ 2	Cmd ＋ 2
4 倍に拡大表示する	Ctrl ＋ Alt ＋ 1	Cmd ＋ Option ＋ 1
4 分の 1 に縮小表示する	Ctrl ＋ Alt ＋ 2	Cmd ＋ Option ＋ 2
2 倍に拡大表示する	CC	CC
選択中のすべてのオブジェクトを選択解除する	XX	XX
現在の操作をキャンセルする	Esc	Esc
文字編集モード終了	Esc	Esc
グループを出る（データバーとグループ編集オプションで有効にする必要があります）	Esc Esc	Esc Esc
壁や NURBS などの描画中に、最後にクリックしたポイントを取り消す	Backspace	Delete
バルーンヘルプの追加情報を表示する	バルーンヘルプが表示されている時に Shift キーを押し続ける	バルーンヘルプが表示されている時に Cmd キーを押し続ける

マウスショートカット ※作業画面での割り当て変更はできません

機能	Windows	Mac
図面のビューを更新する	パンツールをダブルクリック	パンツールをダブルクリック
印刷用紙の原点をユーザ原点に設定する	用紙移動ツールをダブルクリック	用紙移動ツールをダブルクリック
2 倍に拡大表示する	拡大表示ツールをダブルクリック	拡大表示ツールをダブルクリック
2 分の 1 に縮小表示する	拡大表示ツールを Alt - ダブルクリック	拡大表示ツールを Option - ダブルクリック

リソースマネージャのオブジェクトを開くか、または編集する	リソース名またはサムネイルを Ctrl - ダブルクリック	リソース名またはサムネイルを Cmd - ダブルクリック
クラス、デザインレイヤ、またはシートレイヤをアクティブにする	ナビゲーションパレットで項目名をダブルクリック	ナビゲーションパレットで項目名をダブルクリック
登録画面に切り替える	ナビゲーションパレットでビュー名をダブルクリック	ナビゲーションパレットでビュー名をダブルクリック
すべてのクラスまたはレイヤの表示設定を変更する	ナビゲーションパレットで表示設定列を Alt - クリック	ナビゲーションパレットで表示設定列を Option - クリック
登録画面を編集する	登録画面パレットでビュー名を Alt - ダブルクリック	登録画面パレットでビュー名を Option - ダブルクリック
セレクションツールをアクティブにする	図面内の任意の位置をダブルクリック（一部のツールを除く）	図面内の任意の位置をダブルクリック（一部のツールを除く）
オブジェクトを複製する	セレクションツールを選択した状態で、Ctrl キーを押しながらオブジェクトをクリック&ドラッグ	セレクションツールを選択した状態で、Option キーを押しながらオブジェクトをクリック&ドラッグ
類似のオブジェクトを作成する（ツールと属性をアクティブにする）	既存のオブジェクトを Ctrl + Alt - クリック	既存のオブジェクトを Cmd + Option - クリック
図面のビューを移動する	ホイールマウスを使用している場合、ホイールボタンを押したままにする	ホイールマウスを使用している場合、ホイールボタンを押したままにする
拡大／縮小表示 *	ホイールマウスを使用している場合、ホイールを前方に回すと拡大、手前側に回すと縮小	ホイールマウスを使用している場合、ホイールを前方に回すと拡大、手前側に回すと縮小
スクロール *	ホイールマウスを使用している場合、Ctrl キーを押しながらホイールを前後に回すか、Shift キーを押しながら左右に倒す	ホイールマウスを使用している場合、Option キーを押しながらホイールを前後に回すか、Shift キーを押しながら左右に倒す

* デフォルトではマウスホイールを拡大／縮小に、修飾キーをスクロールに使用します。環境設定の編集タブでこれらの機能を入れ替えることができます。

数字キーパッド ※作業画面での割り当て変更はできません

標準ビューに切り替える

2D／平面または 2D／平面：回転	0（ゼロ）
斜め左	1
前	2
斜め右	3
左	4
上	5
右	6
左斜め後方	7
後ろ	8
右斜め後方	9

Index

記号・英数字

1行マクロ	123、139、170、176
1点型オブジェクト	184
2D/平面	115、140
2D基準点ツール	052
2Dを編集	148
3D多角形に変換	111
3点指定モード	023
Bitmap枠の編集	056
Ctrl＋クリックで同位置に複製	139
DXF	206、208
DXF/DWG（単一）取り込み	206
Excel	210
JPEG	194
Jw_cad	208
OpenGL	107、109
PDF	196、203、204、205
PNG	194
RW-アート	132、133
RW-仕上げレンダリング	131
VectorScript	213
VectorScriptを作成	174
Word	202
X-Y-Z倍率	120、197、200

あ

アート 影付き　青	133
アイドロッパツール	088
アクティブな基準面	094
アクティブポイントを8個表示	138
アングルを決める	134
一文字ショートカット	076
緯度	130
移動	050
移動モード	044
イメージファイルの情報	196、199
印刷	160
オーガナイザ	008、010、012、015
置き換え	033
奥行き	094、127
オフセット	018
オフセットツール	059

か

解除してから選択	062、174
拡大	079
拡大時に線の太さを表示	139
確認ダイアログボックスを表示	151
重なった部分を残す	102
カスタム寸法規格の編集	156
壁 構成要素の設定	020
壁ツール	018、020
壁の設定	018、020
壁の高さ（レイヤ設定）	012
壁復元ツール	016
噛み合わせる	101
カメラの高さ	114
画面移動	078
画面を登録	140
カラーレイヤ	123
間隔	049、050
環境設定	138、150
関数選択	065
基準点位置	037
逆消しゴムモード	042
境界の内側モード	038
切り欠き	041、057、060、101
均等配置	048、050
均等配置モード	045
クラススタイル	009
クラスに変換	207
クラスの作成	008、010、058
クラスの編集	009、010、059、118
クラスをアクティブに	086
クラスを置き換える	034
クリップキューブ	107
グレースケール	196
クロップの設定	056、119
経度	130
消しゴムツール	042
削り取り用図形を残す	101
削り取る	101
検索条件	063、065、067、174
検索条件設定	065
検索対象を追加	063、175
光源ツール	112
合成	101
コピーを保存	151
コンパイル	179

さ

作業画面	162、164、169、187
作成時に編集ダイアログボックスを表示	008、013
シートレイヤの編集	122
視心の高さ	114、134
視点の高さ	134
自動保存設定	151
縮尺	013、122、197、199、204
縮尺変更	206
消去確認	143
小数で表示	155
伸縮	120、197、200
シンボル選択	034
シンボル登録	030、147、148
シンボル編集	031
ズームとパンを登録	140
スクリーンプレーン	094
スクリプト	171、177
スクリプトエディタ	172、178、180、186
スクリプト取り込み	182
スクリプト取り出し	183
スクリプトパレット選択	172、175
スクリプト編集	186
スクリプトを実行	183
図形からオブジェクトを作成	027
図形選択マクロ	062、174